왜 평범한

학급운영
일까?

왜 평범한 학급운영일까?
30년 차 교사가 전하는 교실을 지켜온 평범함의 힘

초 판 1쇄 2025년 06월 20일

지은이 정근주
펴낸이 류종렬

펴낸곳 미다스북스
본부장 임종익
편집장 이다경, 김가영
디자인 윤가희, 임인영
책임진행 안채원, 이예나, 김요섭, 김은진, 이예준

등록 2001년 3월 21일 제2001-000040호
주소 서울시 마포구 양화로 133 서교타워 711호
전화 02) 322-7802~3
팩스 02) 6007-1845
블로그 http://blog.naver.com/midasbooks
전자주소 midasbooks@hanmail.net
페이스북 https://www.facebook.com/midasbooks425
인스타그램 https://www.instagram.com/midasbooks

ⓒ 정근주, 미다스북스 2025, *Printed in Korea.*

ISBN 979-11-7355-284-7 03190

값 18,500원

※ 파본은 구입하신 서점에서 교환해드립니다.
※ 이 책에 실린 모든 콘텐츠는 미다스북스가 저작권자와의 계약에 따라 발행한 것이므로 인용하시거나 참고하실 경우 반드시 본사의 허락을 받으셔야 합니다.

미다스북스는 다음세대에게 필요한 지혜와 교양을 생각합니다.

30년 차 교사가 전하는
교실을 지켜온 평범함의 힘

왜 평범한 학급운영 일까?

정근주 지음

미다스북스

프롤로그

"평범한 학급운영은
밀알반에서 세잎 클로버를 찾는 것이다."

    삶이란 해석과 재해석의 연속인 것 같다. 30기 밀알반을 운영하는 나이가 되어보니 과거의 즐거움이 낯부끄러운 일이었다고 후회하고 과거의 괴로움이 축복이었다는 생각이 든다.

    코로나19를 거치면서 개인적으로 재평가하게 된 단어가 있다. 바로 **평범함**이다. 치열한 경쟁 속에서 살아남기 위해 남보다 먼저 가장 높은 곳에 오르는 것이 성공인 줄 알았던 우리 세대는 평범하다는 것을 실패라고 여겼다. 하지만 이제는 평범함이 얼마나 소중하고 지키기 어려운 것인지 알게 되었다.

    교육 현장에도 평범한 삶에 비범한 가치를 추구하는 교사들이 무수히 많다. 인간의 에너지는 한정적이어서 어느 한 곳에 지나치게 집중하다 보면 다른 곳의 결핍을 만들게 된다. 그 결핍의 고통과 외로움을 홀로 감수하면서 좀 더 나은 교사가 되기 위해 연구하고 실천하는 평범한 교사들로 인해 보이지 않는 변화가 지금도 만들어지고 있다.

'서툰 의사는 한 번에 1명을 해치지만 서툰 교사는 한 번에 130명을 해친다.'는 말이 있다. 이 말은 대통령, 교육부 장관, 교육감, 교육장, 교장, 교감이 아닌 교육 현장에서 희로애락을 온몸으로 감내하고 있는 평범한 교사들이 학생들을 감화시킨다는 뜻이기도 하다.

당연히 해야 할 일을 묵묵하게 했을 뿐이라고 사양하시는 교사들을 감히 대신하여 지극히 평범한 교사의 발자취를 남기려고 한다. 이 흔적이 하나의 길이 되어 나와 같은 교사의 작은 실천들이 계속 세상으로 발을 내딛길 바란다.

행복한 사람은 좋아하는 일과 잘하는 일이 일치하는 사람이라고 한다. 그렇다면 행복한 교사란 어떤 사람일까? 저마다 자신의 철학, 생각, 처한 상황 등에 따라 내리는 정의가 다를 것이다. 남다른 유능함을 지닌 수많은 공교육 스타 교사들에 비해 특기 하나 없이 지극히 평범한 교사인 나는 평교사로 명예롭게 정년퇴임을 맞이할 수 있는 교사가 행복한 교사라고 생각한다. 그래서 **학급운영**을 특기로 삼아 잘하려고 했고 그 노력을 즐기고자 하였다.

학급운영이란 학급에서 담임교사가 학급의 목표를 설정하고 달성하기 위해 인적·물적 자원을 활용하여 계획, 조직, 지도, 통제하는 일련의 활동이라 할 수 있다.

보통 혼용해서 쓰이는 말이 학급경영과 학급운영이다. 사전적 의미에서 '경영'은 기초를 닦고 계획을 세워 어떤 일을 해 나감을 뜻하고, '운영'은 어떤 대상을 관리하고 운용하여 나감을 말한다. 학급경영이나 학급운영이나 큰 차이를 발견할 수 없으며 결국 둘 다 교사가 학생들을 이끌어간다는 의미를 담고 있다.

그중 경영은 효율성을 추구하는 경제 원리를 내포하고 있다는 생각에 개인적으로는 학급운영을 더 자주 사용하고 있다.
학급운영의 영역은 연구 학자들의 주요 기준에 따라 견해 차이가 있고 학급운영의 주요 영역인 수업활동과 학급활동은 실질적으로 그 경계가 명확하지 않다. 하지만 내용의 이해를 돕기 위해 밀알반의 학급운영을 '수업활동'과 수업 이외의 모든 활동을 '학급활동'으로 구분하여 담아내었다.

기적 같은 선생님들과의 만남을 통해 나와 너, 그리고 우리를 있는 그대로 받아들이고 소중하게 대하는 것이 바로 교육이라는 것을 알게 되었다. 그분들의 가르침대로 학생들을 존중하는 교사가 되고 싶었다. 이러한 교사의 교육철학이 담긴 **밀알반**의 밀알은 존중의 씨앗을 뜻한다. 특히 나에 대한 존중인 긍정, 너에 대한 존중인 배려, 우리에 대한 존중인 최선은 교육방침이 되었다.

PART 1에서는 내세울 것 하나 없는 한 인간이 교사가 되어 버거운 장애물을 앞에서 좌절하지만, 멘토 교사와 3권의 교육 바이블을 만나 변화해 가는 이야기를 담았다. **밀알반과 밀알샘의 시작**이 바로 그 변화의 첫걸음이다.
PART 2는 보상활동과 학급행사를 토대로 분기별 핵심을 짚는 장이다. 학급운영 잘하는 교사라는 브랜드를 만들기 위해 고군분투한 **밀알반의 학급활동**을 기록했다.

PART 3에서는 다양한 도구와 레퍼토리를 장착하고, 수업으로 말하는 교사가 되기 위해 좋은 수업을 찾아가는 과정에서 얻은 노하우를 **밀알반의 수업활동**으로 서술했다.

PART 4에서는 교육 현장의 문제를 예민하게 감지하고 그 속에서 끊임없는 노력을 다짐하는 **밀알샘에서 샘밀알으로의 변모**를 기재했다.

밀알반의 최종 목표는 **세잎 클로버**를 찾는 것이다. 잎 수와 관계없이 클로버의 꽃말은 '약속, 행운, 평화'라고 한다. 하지만 나 역시 세잎 클로버가 **행복**의 상징이라고 의미를 부여하는 사람들 가운데 하나다.

사람들은 열심히 노력해서 성공하면 행복은 당연히 따라올 것이라고 믿는다. 그래서 성공하면 행복해지리라는 큰 기대를 하지만 자신의 행복에 변화가 없다는 사실을 살면서 체득하게 된다. 성공은 주로 밖에서 보이는 결과에 초점이 맞추어져 있다면, 행복은 그 사람의 내면을 섬세하게 들여다보는 과정이다. 그래서 행복은 강도가 아니라 빈도라고 하는 것 같다.

"즐겁고 행복한 나날이란 굉장히 멋지고 놀랍고 신나는 일이 일어나는 날이 아니라, 소박하고 자잘한 기쁨들이 조용히 이루어지는 그런 날들인 것 같아요."라는 빨강 머리 앤의 말과도 일맥상통한다.

나는 밀알반 학생들이 삶 속에 존중의 씨앗을 뿌리고 정성껏 가꾸어 소소한 기쁨과 즐거움을 더 자주 누리는 행복한 사람이 되길 바란다.

차례

프롤로그　005

PART 1　밀알반과 밀알샘의 시작
"누구나 교사가 되지만, 어떤 사람은 교실과 함께 성장한다."

1. 처음 교사의 길에 들어선 날　　　　　　　　　　　　015
2. 밀알반, 나의 첫 교실　　　　　　　　　　　　　　　025
3. 밀알샘이라는 애칭이 생기기까지　　　　　　　　　　029

　　평범한 MEMO　　　　　　　　　　　　　　　　　035
- '없음'을 넘어 '있음'을 찾는 나의 성장 기록
- 나만의 '교사 정체성' 세우기

PART 2　사랑과 원칙을 쌓아가는 학급활동
"사랑은 위대하다. 그러나 원칙 없는 사랑은 위험하다."

1. 첫 한 달, 교실의 기초를 다지다　　　　　　　　　　039
   - '존중의 씨앗'이란 무엇인가
   - 학급을 지탱하는 두 기둥, 보상과 행사
   - 2월, 빈틈없는 일정으로 교실을 준비하다
   - 초긍정 렌즈로 들여다본 3월의 학급활동

2. 흐르는 시간 속에서 자라다 066
- 4월~5월, 관계의 규칙이 자리 잡는 시기
- 6월~7월, 지치지 않기 위한 중간 점검
- 8월~10월, 제각각 마음을 하나로 모아 텐션 업
- 11월~12월, 자람과 모자람을 돌아보는 시기

3. 과정이 남긴 물음표와 마침표 093
- 학급활동 10년을 자축하다
- 초1, 최고의 강적을 논문으로 마주하다
- 학교폭력의 해법, 진로 찾아 삼만리
- 통일교육 담당교사, 업무의 달인이 되다

PART 3   배움과 익힘을 일깨우는 수업활동
"좋은 수업은 결국 평범한 반복과 차이에서 나온다."

1. 교사의 손끝에서 수업이 들썩이다 125
- '좋은 수업'이란 무엇인가
- 신나고 즐거운 수업은 자세가 절반이다
- 2월, 도구를 갈고 수업을 준비하다
- 장착한 레퍼토리로 수업활동을 바라보는 3월

2. 수업은 교사와 학생 사이 눈맞춤이다 145
- 교과, 수업으로 말하는 교사의 필살기
- 의미와 재미로 학생을 춤추게 하라
- 교육과정 재구성, 교과의 벽을 넘어서다
- 피드백만큼 성장하는 과정중심평가

3. 오래 붙잡은 수업, 깊은 고민이 남긴 것들   165
- 왕도가 없는 수업, 나만의 방법을 찾다
- 단박에 정리하는 복잡한 교수·학습 모형
- 두려움을 넘은 수업공개, 선도교사가 되다
- 공문 속에 숨어있는 수업 아이디어를 찾아라

평범한 MEMO   187
- 수업을 여닫는 나만의 질문 10가지
- 나를 바라보는 수업 점검 리스트

PART 4   밀알샘에서 샘밀알까지

"혼자 꾸는 꿈은 꿈에 불과하지만, 함께 꾸는 평범함은 현실이 된다."

1. 밀알샘, 독서와 연수로 채워가는 경험   191
2. 강의와 책 쓰기로 배움을 나누는 시간   195
3. 샘밀알, 함께 가면 멀리 가는 길 위에서   199

에필로그   203

도움받은 책들   207
도움받은 누리집들   208

PART 1
밀알반과 밀알샘의 시작

"누구나 교사가 되지만,
어떤 사람은 교실과 함께 성장한다."

....

 처음 교사의 길에 들어선 날
내세울 것 하나 없던 내가, 교사가 되기까지의 기적 같은 과정

 밀알반, 나의 첫 교실
장애물 앞에 무너진 기대와 포부, 1년 차 교사의 눈물

 밀알샘이라는 애칭이 생기기까지
운명적으로 만난 3권의 교육 바이블로 다시 일어서다.

1.
처음 교사의 길에 들어선 날

■ ★ ● ▲

나는 4가지가 없는 사람이다. 성격, 학력, 외모, 꿈 가운데 어느 하나 내세울 게 없다. 봄날의 살랑거림도 없고, 여름날의 다채로움도 없으며, 가을날의 애틋함도 없다. 가장 거칠고 을씨년스러운 겨울에 내가 태어난 이유인 듯하다. 의도적인 무소유가 아닌 원래 주어진 무소유의 삶…. 지금도 어머니께서는 모든 면에서 늘 한 걸음 뒤에 머물러 있던 딸이 초등학교 교사가 된 것이 마냥 신기하다고 말씀하신다.

극 I형 인간임을 확인하다

다른 사람에 비해 유난히 수줍음이 많고 낯가림이 심하다. 장녀인 나와 2명의 여동생은 다니던 시골 교회에서 유명 인사였다. 누군가 쳐다보기만 해도 동시에 울음을 터뜨려서 주일학교 선생님들께서는 서둘러 우리 자매들을 집으로 데려다주는 게 다반사였다.

시골 교회에서는 매년 크리스마스이브에 성탄 축하 발표회가 열렸다. 유치부는 크리스마스 캐럴에 맞춰 율동을 하게 되었는데 부끄러움이 많아 단 한 번도 연습에 참여한 적이 없었다. 그런데 무대에 설 용기는 어디에서 생겼는지…. 당일 키가 제일 크다는 이유로 무대 맨 앞줄 센터에 서게 되었다.

잠시 후 예배당에는 여기저기 터져 나오는 웃음소리로 가득했다. 털이 폭신한 빨간색 외투를 입은 나는 주머니에 손을 넣고 앙증맞게 춤을 추는 친구들을 신기하게 바라보았다. 그것도 아주 천천히 고개를 오른쪽과 왼쪽으로 돌려가며 여유롭게…. 마지막까지 트렌드마크인 특유의 멍한 표정으로 끝까지 자리를 지켜냈다.

붉으락푸르락 달아오른 얼굴로 집에 돌아오신 부모님께서는 답답함에 두 주먹으로 가슴을 치셨다고 한다.

늘 지루하고 외로웠던 수업 시간

천성적으로 몸이 약한 편이었다. 갑자기 의식을 잃고 경련하는 병증을 자주 일으켜서 한밤중에도 부모님께서는 나를 등에 업고 병원으로 향했다고 한다. 한번 감기에 걸리면 고열로 혼절해서 부모님의 마음을 철렁 내려앉게 하는 경우가 많았다. 이렇게 골골대는 딸이어서인지 부모님께서는 오로지 건강 하나만을 바랐고, 나는 내 이름 석 자만 간신히 깨쳐 초등학교에 입학했다.

입학식 날! 난 전혀 기억이 없는데…. 아마도 멍하게 앉아 있었나 보다. 다른 친구들은 씩씩하게 자기소개를 했고 앞집에 사는 동네 친구는 노래를 부르며 깜찍한 율동까지 했다고 한다. 드디어 내 차례! 고개를 책상 위에 떨구고 절대 들지 않더란다. 발표를 권유하시던 선생님께서는 당황한 기색으로 헛기침만 하셨다고 한다.

초등학교 2학년 때까지도 한글을 제대로 깨치지 못했다. 수업 시간은 늘 지루하고 외로웠다. 친구들은 무엇인가 연필로 쓰고 지우기를 반복하고 있는데 나는 오로지 공책만 뚫어지게 쳐다보고 있었다.

거울에 비친 사춘기의 속사정

중학생이 되면서 사춘기를 겪고 있던 터라 더욱더 비좁은 방 안에 콕 숨어 지냈다. 유일한 취미는 아버지께서 사다 주신 세계 문학 전집을 읽다가 밤늦게 잠드는 것이었다.

이른 새벽부터 일하러 다니시는 부모님께서는 점심 도시락을 준비할 시간도 없으셨다. 솔직히 말하면 반찬도 변변찮았다. 동생들은 초등학생이라 급식을 하게 되어 따로 도시락 준비가 필요하지 않았다. 나는 점심시간이 되면 학교 내의 매점에서 컵라면을 먹든지, 아니면 교문 앞에 있던 가게에서 핫도그를 먹는 것으로 점심 식사를 갈음했다.

공부하다 힘들면 폭식하고, 책 읽다가 지루하면 잠들고…. 다람쥐 쳇바퀴처럼 반복되는 생활이 계속될수록 경도 비만에서 중도 비만까지 이르게 되었다. 원래 체질적으로 땀을 흘리지 않는 편인데 살이 찌니까 조금만 더워도 땀이 비 오듯이 흘러내렸다.

더 충격적인 것은 같은 또래들이 입는 옷이 맞지 않는다는 것이었다. 특히 허리띠가 있는 바지는 전혀 입을 수가 없었고 고무줄 바지만 겨우 입을 수 있었다. 거울에 비친 나의 모습은 '슈퍼 울트라 돼지'였다.

꿈속을 헤매는 나를 발견하다

고등학교 입학 후 첫 모의고사 결과, 반 등수가 27등이었고 전교 등수가 200등을 넘어섰다. 성적이 나오자마자 선생님은 신입생 모두를 운동장에 집합시켰다. 고등학교 생활 시 지켜야 할 규칙을 간단하게 안내하신 후 본론인 진학 관련 설명을 하셨다.

큰 기적이 없는 한 첫 모의고사 점수가 고등학교 3학년까지 이어지며, 전교 등수 100등까지만 4년제 전기 대학에 갈 수 있고 200등까지는 4년제 후기 대학이 가능하다고 하셨다. 학력고사 시절엔 전기 대학과 후기 대학이 구분돼 있었는데 국립대는 대부분은 전기 대학이었고 학교에 따라서는 정원을 쪼개 전기와 후기 분할 모집을 하기도 했다.

노력하면 목표를 이룰 수 있을 거라는 무한 긍정의 주문을 걸며 공부에 매진하였지만 1학기 내내 모의고사, 중간고사, 기말고사까지 반 등수는 27등과 28등 사이를 왔다 갔다 했다. 할 수 있는 모든 노력의 결과는 처참했다.

조금만 더 해보고자 하는 여력조차 남지 않을 정도로 지쳐있었고 심리적으로 기절해 있었다. 그리고 점점 될 대로 되라는 자포자기 늪에 빠져들게 되었다.

나는 4가지가 있는 사람이다. 초등학교, 중학교, 고등학교, 인생 전체에 걸쳐 위대한 만남이 있었기에 기적 같은 삶을 살고 있다. 사전적 의미에서 기적은 '상식으로는 생각할 수 없는 기이한 일'이고, '신(神)에 의해서 행해졌다고 믿어지는 불가사의한 현상'이다.

지금까지 행복한 평범함을 누리고 있는 것은 노력이 아니라 행운의 결과였다. 좋은 점이란 찾으려고 하면 누구에게나 있다. 하지만 그걸 찾아서 키워주는 부모님과 선생님을 만나는 것은 쉽지 않다. 그래서 나는 기적 같은 만남에 늘 감사하다.

차가운 손에 전해진 온기의 충격

초등학교 3학년이 시작된 지 3일 만에 겨우 뒷문을 열고 교실에 들어섰다. 지독한 감기 끝에 노랗게 뜬 얼굴과 불안한 눈망울을 조심스럽게 굴리며 자리를 찾고 있었다. 바로 그때 아주 큰 따스함이 작고 차가운 손에 전해 졌다.

"드디어 왔구나. 난 네가 무척 보고 싶었단다. 잘 왔다." 하시면서 밝게 웃으시는 선생님의 얼굴에서 세상에서 가장 환한 빛을 보았다. 이것이 초등학교 3학년 담임 선생님과 기적 같은 만남의 시작이었다.

선생님은 한글도 겨우 읽는 수준에 그치고 덧셈과 뺄셈도 제대로 하지 못하던 나에게 매일 1시간씩 보충 지도를 해주셨다. 두 달 정도의 보충 지도를 통해 1, 2학년 수준의 부족한 부분을 채울 수 있었고 3학년 내용도 충분히 이해할 수 있게 되었다.

어느 산수 시간! 칠판에 적힌 3문제 중 1문제를 내가 풀게 하셨다. 두근거리는 마음으로 칠판 앞에 서서 문제를 해결했고 선생님께서는 나를 번쩍 들어 올리며 기뻐하셨다. 드디어 학습부진에서 벗어나게 된 것이다.

낭중지추 제자가 되다

중학교 1학년 때 화단 청소를 하고 있던 나에게 담임 선생님께서 다가오셨다.

"낭중지추(囊中之錐)라는 사자성어가 있단다. 주머니 속의 송곳이라는 뜻인데, 뾰족한 송곳은 가만히 있어도 반드시 주머니를 뚫고 삐져나오듯이 뛰어난 재능을 가진 사람은 남의 눈에 띄게 되어있다는 말이란다. 너에게 참 어울리는 말 같구나."

얼마 전 실시한 신입생 대상 학업능력검사에서 나의 지능지수가 가장 높았고, 교과 선생님마다 수업 시간 내내 레이저를 쏘는 듯한 강렬한 눈빛이 매우 인상적이라는 칭찬을 자주 하신다고 전해 주셨다.

선생님의 말씀에 기분 좋게 흥분한 나는 공부가 재미있을 수 있다는 놀라운 경험을 하였다. 그 후 선생님께서는 나를 다른 선생님들께 '낭중지추 제자'라고 소개하시곤 했다. 이것이 좌우명 중 하나가 되었고 나 자신을 사랑하게 된 계기가 되었다.

마음에 새겨진 3글자, 선·생·님

비좁은 자취방에서 아무리 기를 써도 변하지 않는 처참한 성적에 꿈을 포기해야만 했던 고등학교 1학년을 보내고 2학년을 맞이했다.

3월 중순부터 개별 상담이 시작되었다. 드디어 결전의 시간! 목례를 한 후 담임 선생님께로 향했다. 긴장된 마음으로 의자에 앉았다. 담임 선생님께서는 학생지도 카드를 유심히 살펴보시더니 고개 들어 나를 바라보셨다.

"우리 촌놈~ 힘들지? 그래, 생각해 본 대학교나 학과가 있니?"

"저는 공부를 못해요. 그래서 대학을 못 갈 것 같아요."
"그래도 꿈은 있을 거 아니니? 되고 싶었던 것이라도 말해 보렴."
"저는 법관이 되고 싶다는 생각을 한 적이 있었지만, 지금은 꿈이 없어요."
"혹시 교대라고 들어본 적이 있니?"
"고대요? 고려대학교를 말씀하시는 것인가요?"
"아니, 교대! 교육대학이라고 들어본 적이 있어?"
"아니요, 처음 들어봐요."
"그래? 교대는 초등학교 선생님을 양성하는 대학교란다. 네 얼굴엔 '선·생·님'이라는 3글자가 새겨져 있어. 물론 지금의 성적으로는 절대 들어갈 수 없지. 어떻게 할래? 한번 도전해 볼래? 잘 생각해 보고 결정되면 바로 알려주렴."

하교 후 자취방에 들어서자마자 바로 책상 앞에 앉았다. 선생님께서 해주셨던 "네 얼굴엔 선생님이라는 3글자가 새겨져 있다."라는 말이 계속 귓가에 맴돌았다. 한 번도 선생님이 되겠다는 생각을 한 적이 없었다.

국어를 가르치셨던 담임 선생님은 매우 특이하셨다. 수업 중에는 학생들에게 다그침이 아닌 위로와 희망의 말을 건네셨다. 청소 시간에는 학생들과 함께하며 1:1 족집게 메시지를 무심한 듯 툭툭 던지셨다.

특히 교직 경력 10년이 되는 해에 만난 우리를 '10주년 기념 선물'이라고 하시며 자부심을 높여 주셨다. 그런 담임 선생님께서 말씀하신 것이라면 분명히 믿고 따르면 될 것이라는 생각이 들었다.

다음날 바로 교대에 가고 싶다고 말씀을 드렸다. 담임 선생님께서는 필요한 교과 공부의 큰 그림을 그려주신 후, 나에게 수학과 영어 참고서를 3번씩 완독하겠다는 약속을 하게 하셨다. 그 후로도 틈틈이 약속을 잘 지키고 있는지 확인하셨고 때론 칭찬으로 때론 충고로 응원해 주셨다.

고등학교 3학년, 나는 문과반이 되었다. 2학년 때 담임 선생님은 3학년 이과반을 맡으셨다. 담임하고 계신 학생들의 지도로 무척 바쁘셨을 텐데도 야간 자율학습 시간에 복도에서 집중 1:1 상담을 해주었다. 그리고 맨 마지막에 꼭 하시던 말씀이 "우리 촌놈~ 대단해!"였다. 결국 나는 선생님의 예언대로 교대에 입학했다.

인복은 위로와 겸손을 싣고

'나는 올바르게 살아가고 있을까?'라는 주제를 다루는 동료장학 공개수업을 준비하면서 교사로서 올바르게 산다는 것의 의미와 중요성을 찾고자 했다. 그런 과정에서 무엇보다 인간으로서의 삶을 성찰하는 것이 필요하다는 것을 알게 되었다.

5세에서 74세까지의 다양한 사람들이 인터뷰한 영상자료를 살펴보는 것은 나의 마음을 들여다보는 계기가 되었다. 나에게 가장 상처가 되었던 말이 무엇인지 되돌아보니 특별히 상처가 되었던 말은 기억나지 않았다. 아마도 내 주변에는 선하고 좋은 사람들만 가득했던 것이 아닐까! 이 또한 나에게 큰 행운이었다는 생각이 든다.

가장 위로가 되었던 말을 반추하니 "우리 큰딸은 인복이 많아서 잘될 수밖에 없어!"라는 말을 늘 곁에서 해주시던 부모님의 말씀이다. 힘들 때는 위로가 되었고 평안할 때는 겸손할 수 있었다.

이러한 기적 같은 만남으로 인해 교사는 누군가의 삶을 바꿀 수 있는 위대한 능력을 지닌 사람이라는 것을 몸소 체험했다.

신규교사가 학급운영에 애를 먹고 실패하는 이유 중의 하나가 학창 시절 내내 엘리트로 살아왔기 때문이라고 한다.
나는 내성적이었기 때문에 조용히 숨죽여 있는 학생들의 슬픔을 알 수 있었다. 학습부진아였기 때문에 낮은 성적으로 어려움을 겪고 있는 학생들의 답답함을 이해할 수 있었다. 비만이었기 때문에 열등감으로 힘들어하는 학생들의 아픔을 어루만질 수 있었다. 큰 좌절로 꿈을 상실해 보았기 때문에 꿈이 없는 학생들의 공허함을 위로할 수 있었다.

2.
밀알반, 나의 첫 교실

■ ★ ● ▲

　드디어 1995년 9월 1일 신규교사로 발령을 받았다. 그것도 같은 동아리에서 활동하던 국어과 동기와 함께…. 전교 6학급의 조그마한 시골 학교에서 5학년을 담임하게 되었고 동기는 3학년을 담임하게 되었다. 워낙 작은 학교이다 보니 큼직한 업무 5개 정도가 함께 딸려 왔다. 학년 교육과정도 작성해야지, 학생들 생활지도와 수업지도도 해야지, 처음 해보는 업무도 해야지…. 경황없이 헤매는 나날의 연속이었다.

　그런데 동기는 같은 신규교사인데도 달랐다. 무뚝뚝하고 말 없는 나와는 정반대로 상냥하고 애교가 많았다. 그뿐 아니라 악기 연주, 노래, 말솜씨, 글솜씨 등 모든 면에서 월등했다. 게다가 성격까지 좋아서 나의 부족함을 채워주었다. 스스로 비교가 되었다.

　가을이지만 여전히 더웠던 어느 월요일 애국 조회 시간. 전교생이 집합한 운동장에서는 교장 선생님의 훈화가 시작되었다.

"지난 주말에 농수로에서 놀다가 경찰 아저씨께 걸렸던 사람! 앞으로 나오세요!"

정년이 얼마 남지 않으신 교장 선생님의 가장 큰 관심은 학생들의 안전이었다. 몇 해 전 농수로에서 물놀이를 하다 익사 사고가 난 적이 있었기 때문에 무엇보다 신경을 곤두세우고 계셨다.

아니 이럴 수가! 우리 반 남학생 맨 뒷줄에 있던 반장이 앞으로 걸어 나오는 것이 아닌가! 그것도 남학생들을 하나둘씩 데리고…. 총 7명이 조회대 앞에 섰다. 선생님들과 학생들의 시선은 모두 나를 향했다. 교장 선생님은 화가 풀리지 않으신 듯 앞으로 나온 학생들을 계속 혼내셨다. 눈에 눈물이 맺혔다. 눈을 깜빡이면 주르륵 흐를 것 같아서 당당하게 얼굴을 들어 하늘을 보았다. 까만 하늘이었다. 넋이 나간 채 멍한 표정으로 제자리를 지키고 서 있었다. 조회가 끝나자 학생들은 교실로 향했다. 하지만 나는 교실로 갈 수 없었다. 급식실 옆 빈터에서 쪼그려 앉아 참았던 울음을 터트렸다. 창피함과 서러움이 진하게 묻어났다.

난 아직 준비가 덜 된 교사였다. 머리로는 이해했지만 나를 울게 한 학생들이 미웠고 용서가 되지 않았다. 학생들의 웃음소리가 그치지 않는 교실을 꿈꿔왔는데 현실은 적막하고 냉랭했다. 농수로 사건 이후 겉으로는 평온해 보였지만 속으로는 억누르고 있는 분노와 보이지 않는 긴장의 끈이 팽팽하게 유지된 채 한 학기가 끝났다.

겨울 방학식 후 하교 지도를 했는데 10명 남짓의 학생들이 교실 주변을 서성거리다가 살짝 붉어진 얼굴로 교사 책상 위에 무엇인가 올려놓고 순식간에 사라져 버렸다.

정성이 가득한 크리스마스 카드였다. 손가락에서 피가 났을 때 소독약을 발라주시고 밴드로 감싸주셨던 선생님의 상냥한 얼굴이 기억에 남는다는 이야기, 짓궂은 장난에도 큰소리 내지 않으시고 차분하게 타일러 주셔서 감사했다는 이야기, 1학기엔 학교생활이 지루했는데 선생님과 함께한 2학기는 너무 빨리 지나가서 아쉽다는 이야기, 농수로 사건으로 힘들어하신 선생님께 철없이 행동한 것이 매우 죄송했다는 이야기 등 꾹꾹 눌러쓴 글들이 나의 마음을 마구 흔들어댔다.

'교육의 질은 교사의 질을 넘지 못한다.'라고 배웠는데 교사인 나보다 학생들이 훨씬 나았다. 이런 모습으로 교단에 서게 된다면 영원히 죄인이 될 수밖에 없다는 생각이 들었다. 퇴근하는 내내 교사로서 걸어가야 할 길에 대한 깊은 고뇌의 시간을 가졌다.

다음날 나의 발걸음은 대형서점으로 향해 있었다. 학급운영과 관련된 책 10권을 사서 입시 공부하는 것처럼 치열하게 읽고 또 읽었다.

이 세상에는 좋은 선생님들이 참 많았다. 보이지 않는 변화를 이끄는 그분들에게는 공통점이 있었다. 초임 때 뜨거운 꿈을 지녔고 열심히 하려는 마음으로 교단에 들어섰지만 버거운 장애물을 만났다는 것이다.

그리고 장애물 앞에 잠시 멈춰 재도약의 방안을 모색한 후 장애물을 거뜬하게 넘었고, 그 과정을 기록해 두어 나와 같이 길을 잃고 헤매고 있는 후배 교사들에게 길잡이가 되어 주었다. 그렇게 만난 책이 『학급경영』(1995)이었고, 나는 저자인 정기원 선생님의 밀알 두레반 운영에 매료되었다.

3.
밀알샘이라는 애칭이 생기기까지

정기원 선생님의 책을 읽으면 읽을수록 변화에 대한 갈급함이 생겨났지만, 견고한 고정관념을 무너뜨릴 용기는 없었다. 나에 대해 누구보다 잘 알고 있을 학생들, 학부모들, 동료 교사들 앞에서 갑자기 밀알반을 운영하겠다고 한다면 당연히 받게 될 냉소와 조롱을 버텨낼 여유와 배짱이 없었다.

미성숙한 학생들에게 교사는 걸어 다니는 교육과정이다. 우수한 교사는 학생들에게 가르침을 주지만 훌륭한 교사는 감동을 준다고 했다. 나는 감히 훌륭한 교사는 생각하지도 않는다. 단지 행복한 교사가 되고 싶을 뿐이다. 그런데 그게 세상에서 제일 어려운 일인 듯하다. 교사의 행복한 삶 그 자체가 학생들에게 가장 압도적인 가르침이고 그게 바로 교육이니까.

내가 하는 실수가 실수로만 끝나는 것이 아니라 내 삶에 새로운 경험을 축적하는 것이라는 결론을 내리기까지 1년이라는 시간이 필요했다. '실패를 하면 좋은 것이 아니라 성장을 위해 반드시 해야만 하는 것이라면 모름지기 아플 각오를 하자!'라는 목적이 정해지자 바로 전출 희망서를 제출하였다.

    정해진 근무 기간이 남은 저경력 교사이기에 전출은 불가능하다며 교감 선생님은 당황해하셨다. 짜인 틀에서 프로처럼 살아가는 교사가 아닌 의미 있는 일을 즐기는 프로처럼 살아가는 교사가 되고 싶다며 간절한 마음을 전했다. 그 마음이 통했는지 초임 발령 후 1년 6개월 만에 다른 학교로 이동하게 되었다. 옮겨 간 학교에서 밀알 한마음반이 시작되었고 운명처럼 나만의 교육 바이블 총 3권을 만나게 되었다.

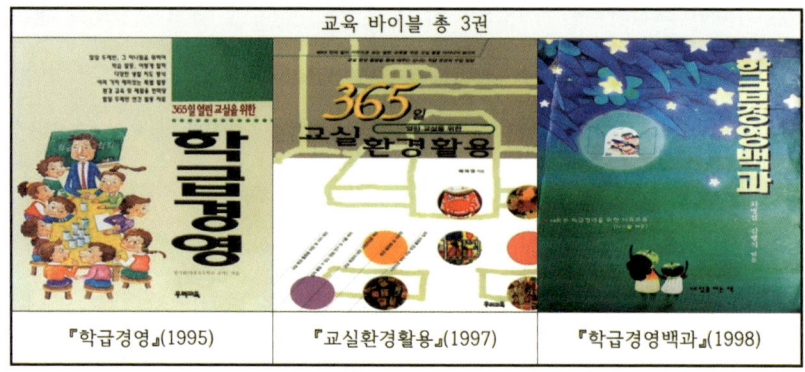

학급활동이라는 이름의 보물을 찾다

    교육 바이블 제1권이 된 『학급경영』(1995, 정기원, 우리교육)은 나를 학급활동에 운명을 거는 교사로 거듭나게 하였다.

처음 책을 읽으면서 한 번도 경험하지 못한 신세계가 펼쳐지는 것 같은 느낌을 받았다. 다음에 책을 접하면서는 적용할 수 있는 부분을 찾아가는 과정이 흡사 보물찾기 같다는 생각이 들었다. 마지막으로 책을 대하면서 어느 하나 버릴 것이 없는 진기한 보물이기에 모든 것을 그대로 적용하는 것이 옳다는 확신이 들었다.

그래서 책 속에 기재된 내용을 토씨 하나 빠짐없이 그대로 적용하였다. 정기원 선생님의 밀알 두레반에는 2가지의 의미가 담겨 있다. '밀알'은 다른 사람들을 위한 희생과 봉사이고, '두레'는 함께 모여 살아가며 사랑을 나누는 공동체를 뜻한다. 그중 두레를 한마음이라는 단어로 살짝 바꾼 후 밀알 한마음반이라는 이름을 붙였다 한다.

약 400쪽 분량이 되는 책을 늘 지니고 다니면서 반복하여 읽고 머릿속으로 시뮬레이션을 되풀이하며 학급에 적용했다. 옳고 그름을 선별하는 지혜가 부족했기에 그대로 흉내만 낸 것뿐이었는데, 현장에서 느끼는 보람은 '경이로움' 그 자체였다.

수업활동이라는 이름의 보물을 찾다

교육 바이블 제2권이 된 『365일 열린 교실을 위한 교실환경활용』(1997, 배재영, 우리교육)과 제3권이 된 『학급경영백과』(1998, 최병섭·김행식, 내일을 여는 책)는 나를 수업활동에 눈을 뜬 교사로 변신하게 하였다.

우리나라 최초로 열린 교육을 시작한 영훈초등학교의 교육 환경 게시물을 접하며 '교실환경구성'이 아니라, 수업하면서 자연스럽게 환경을 활용하는 '교실환경활용'이라는 개념을 알게 되었다. 1년 내내 정체된 환경이 아니라 학습 과정에 따라 항상 변화하는 열린 공간이 되도록 하기 위해서는 기존과 다른 수업이 필요하다고 생각했다.

순간 초임지에서 수업장학 공개수업 모습이 영화의 예고편처럼 스쳐 지나갔다. 지금은 수업컨설팅, 수업멘토링, 수업코칭, 수업성찰 등을 통해 교사가 스스로 수업을 돌아보고 수업에서의 문제를 해결하기 위해 노력하는 과정을 격려하고 지원하는 게 일반적이다.

그러나 당시 수업장학 공개수업은 교사들이 극도로 꺼리는 무시무시한 업무였다. 보통 공개수업이 끝나면 제일 먼저 수업을 한 교사가 자아비판을 처절하게 한다. 이어서 협의회에 참석한 교사들이 수업의 잘못된 점을 낱낱이 파헤치며 한 교사의 자존심을 철저하게 짓밟는다. 동료들이 날리는 독화살에 멘탈이 나간 교사는 눈물을 흘리며 떨리는 목소리로 더 노력하겠다며 고개를 숙이는 것으로 상황이 종료된다. 그래서인지 학교마다 수업장학 공개수업은 대체로 막내들의 몫이었다.

한 달 후 수업장학 공개수업을 하라는 지시가 떨어졌다. 무엇을 어떻게 해야 할지 도무지 떠오르지 않아 물조차 제대로 마실 수가 없었다. 주변 선배 선생님들께 조언을 구해보았지만 직접 겪으면서 뚫고 나가야 한다는 피상적인 답변뿐이었다. 불안, 초조, 불면증 등을 친구 삼은 시간은 순식간에 흘러 이제 남은 시간은 일주일뿐이었다. 지도안 짜고, 학습자료 만들고, 교실 청소하고…. 퇴근 후의 시간을 수업 준비에 올인했다.

드디어 수업장학 공개수업 시간! 아무것도 생각나지 않는다. 단지 준비한 시나리오 그대로 앵무새처럼 말했고 공장의 기계처럼 움직였을 뿐이다. 맥이 쭉 빠진 나는 학생들이 떠나간 교실에서 창밖의 유난히 파란 하늘만 하염없이 바라보았다.

잠시 후 장학사님 개인 사정으로 오늘 수업 협의회는 실시하지 않는다는 교내 방송이 들렸다. 그리고 상기된 얼굴의 교무부장님 안내를 받아 교장실에서 교장 선생님과 장학사님을 뵐 수 있었다.

"선생님, 수고 많으셨어요. 정말 열심히 준비하셨다는 것을 금방 알 수 있었어요. 혹시 선생님은 오늘 선생님의 수업이 어떤 수업이었다고 생각하시나요?"
"네? 저의 수업은…."
"선생님의 수업은 교사 혼자 북 치고 장구 치는 수업이었어요. 그런 수업은 평가 자체가 있을 수 없어요. 그래서 협의회를 취소했지요. 하지만 선생님께 꼭 해주고 싶은 말이 있었어요. 교사는 수업으로 말해야 하는 존재예요. 수업으로 말하려면 요샛말로 쪽팔리면서 배워야 해요. 그 방법은 간단해요. 앞으로 매년 공개수업을 하세요. 저와 약속하실 수 있겠어요?"

그 후 약속 이행을 위해 기존과 다른 수업을 찾아 나름의 노력을 했다. 그리고 그 결과가 공개수업에 스며들도록 열정을 쏟았다.

> **"교사로 서기 위한 첫 마음 그대로 변치 않길 응원합니다."**

'없음'을 넘어 '있음'을 찾는 나의 성장 기록

※ 자신의 흑역사를 떠올려 보세요. 흑역사란 인생에서 지워버리고 싶을 만큼 창피한 기억을 말해요. 부끄럽고 힘들었던 기억을 생각나는 대로 두서없이 써보세요. 그리고 과거의 나를 지금의 내가 살며시 다독여 주세요.		※ 자신에게 가장 위로가 되었던 말을 떠올려 보세요. 우리의 삶은 아픔 속에서 서로를 위로하면서 성장하는 것 같아요. 만약 아무도 나를 위로해 주지 않았다면 내가 나를 위로하면 되지요. 수많은 위로의 말에 숨어 있는 감사를 꺼내보세요.	
4가지 없음		**4가지 있음**	
1가지		1가지	
2가지		2가지	
3가지		3가지	
4가지		4가지	
4가지 없는 나에게 한마디		4가지 있는 나에게 한마디	

"교사로 서기 위한 첫 마음 그대로 변치 않길 응원합니다."

나만의 '교사 정체성' 세우기

※ 교사가 행복해야 교실이 행복하다고 하지요. 그것은 아마도 학생들은 교사의 삶이 녹여진 학급활동과 수업활동을 통해 더 크게 성장한다는 뜻이겠지요? 교사 이전에 한 인간으로서 자신의 삶을 가꾸고 사랑하세요. 그리고 자신의 내면을 들여다보며 스스로 묻고 대답하는 짧지만 진한 여유를 가져보세요.

	밀알샘		
1	나의 교육철학은 무엇인가?	1	나의 교육철학은 무엇인가?
	교육은 존중이다. 존중이란 있는 그대로 인정하면서 소중하게 여기는 것이다. 나를 존중하는 긍정, 너를 존중하는 배려, 우리를 존중하는 최선이 교육방침이다.		
2	나는 어떤 교사인가?	2	나는 어떤 교사인가?
	매력적인 특기는 없으나 학급운영을 잘하고자 노력하는 교사이다.		
3	나는 학생들을 사랑하는가?	3	나는 학생들을 사랑하는가?
	학생들을 존중하며 그들 나름의 노력에 공감하려고 한다.		
4	매주 수업 준비를 하는가?	4	매주 수업 준비를 하는가?
	늦어도 매주 토요일까지는 다음 주 수업 준비를 완료하려고 한다.		
5	전문성 향상을 위해 노력하는가?	5	전문성 향상을 위해 노력하는가?
	매년 20권 이상의 독서와 120시간 이상의 연수를 받으려고 한다.		

PART 2
사랑과 원칙을 쌓아가는 학급활동

"사랑은 위대하다.
그러나 원칙 없는 사랑은 위험하다."

- -

 첫 한 달, 교실의 기초를 다지다
사랑과 원칙 사이, 여유와 단호함을 지닌 교사의 태도

 흐르는 시간 속에서 자라다
존중의 씨앗에서 피어난 한 해의 성장 이야기

 과정이 남긴 물음표와 마침표
좋은 교사가 되고 싶어 남긴 도전과 고민의 기록

1.
첫 한 달, 교실의 기초를 다지다

■ ★ ● ▲

'존중의 씨앗'이란 무엇인가

학교의 교육목표를 달성하기 위한 기본 조직이 바로 학급이다. 학급은 교사, 학생, 교육과정, 물적 조건들로 구성되어 있으며 그 목적은 학생들의 전인적인 성장과 발달이다. 따라서 학급을 어떻게 운영하느냐에 따라 교육 성과가 크게 달라진다고 볼 수 있다.

학급운영은 학급의 목표를 수립하고 효율적으로 달성하기 위하여 인적·비인적 자원을 확보하고 이를 활용하여 학급의 모든 활동을 계획, 조직, 지도, 조정, 통제하는 일련의 과정이다.

학급운영에는 2개의 큰 축이 존재한다. 하나는 '학급활동'이고 다른 하나는 '수업활동'이다. 이 2가지가 하나의 목표를 향해서 일관성 있게 추진되어 나갈 때 학급운영의 올바른 결과를 얻을 수 있다.

학급활동을 통해 수업활동의 목표를 달성할 수 있고, 수업활동을 통해 학급활동의 목표를 달성할 수 있다. 2개의 축이 학급운영 목표라는 목적지에 도달할 수 있도록 학급을 운영해야 한다. 하지만 학급운영 목표에 따라 학급활동도 잘하고 수업활동도 잘하며 업무처리도 잘하는 교사가 얼마나 있을까?

완벽한 교육 이론이 없는 것처럼 완벽한 교사도 없다. 그렇다고 적당히 눈치 보며 하던 대로 하면 된다고 체념하기에는 교사의 전문성에 매우 큰 마이너스가 된다. 그래서 해결책을 찾고자 홀로 좌충우돌하는 교사들의 고달픈 모습이 눈물겹고 짠하다.

이를 해결하기 위해서는 누구나 알고 있지만… 누구나 할 수 없는 그 일…. 끊임없는 자기 성찰과 연구를 통해 학생들과 함께 성장해 가는 과정에서 기쁨과 보람을 얻는 것밖에 없다.
이때 제일 먼저 해야 할 것이 교사의 명확한 교육철학과 교육방침을 세우는 것이다.

'나는 어떤 교사가 되고 싶은가?', '1년 동안 우리 학급을 어떻게 운영할 것인가?'라는 교사의 목표와 관점이 필요하다. 그리고 교사 자신이 잘할 수 있는 것은 무엇인지, 학생들이 처한 환경은 어떤지에 대한 이해 없이 머릿속에서만 그려지는 의욕만 가득한 학급운영은 아무런 가치가 없다. 꼭두각시처럼 이리저리 끌려다니다가 결국 아무것도 남지 않게 된다.

매년 밀알반은 학급운영 방향을 토대로 터를 다진 후 학급 실태 분석을 통해 필요한 것이 무엇인지 파악하여 선택하고 집중한다.

밀알반의 학급운영 방향	
교육철학	교육은 존중이다.
교육방침	(나에 대한 존중: 긍정) 축복을 받기 위해 태어난 나! (너에 대한 존중: 배려) 따스한 배려 안에서 바라본 사랑스러운 너! (우리에 대한 존중: 최선) 너랑 나랑 하나 되어 느끼는 행복한 우리!
밀알반 구호	나! (긍정) 너! (배려) 우리! (최선) ○○기 밀알! 오~ 예~
밀알반 반가	밀알 한마음반! 밀알처럼 희생하는 반! 밀알 한마음반! 밀알처럼 봉사하는 반! 해님도 부러워하는 반! 달님도 칭찬하는 반! 존중의 씨앗으로 우리 모두 하나가 되지요!
밀알반 인사	바르게! (바른 자세하기) 예쁘게! (두 손 모으기) 우리는 ("밀알입니다!"를 외치며 고개 숙여 인사하기)
만남의 날	○○○○년 8월 15일 오전 10시 ○○○○초등학교 운동장

2018년 23기 밀알반에는 1학년 때부터 싫어하는 반찬이 식판에 놓이면 급식실에서 무작정 소리 지르다가 분을 이기지 못하고 구토를 하는 학생이 있었다. 수업 시간에도 가만히 있지 못하고 친구를 툭툭 치고 다니거나 물건을 내던지던 학생은 ADHD 치료를 받고 있었다.

선생님과 친구들에게 고의로 골탕을 먹이려고 하는 게 아니라 자신도 억제할 수 없는 상황에 홀로 놓인 학생의 입장을 그대로 인정하려 노력했다.
책을 많이 읽어 아는 게 많고 습득한 지식을 바탕으로 기발한 아이디어를 쏟아내는 학생의 장점을 드러내는 데 신경을 쏟았다. 그리고 학생으로 인해 발생할 수 있는 사건이나 상황을 예민하게 살피고 단호하며 부드러운 말투로 설득했다.

영어 전담 시간. 규칙을 어기고 지나치게 흥분하여 영어 선생님께 제재를 당하자 거칠게 반항하던 학생 때문에 담임교사인 나는 어학실로 호출을 받았다. 교실로 데려와 진정시키고 물 한 잔을 건네니 갑자기 눈물을 흘리기 시작했다.

"선생님, 죄송해요. 갑자기 영어 선생님이 나만 싫어한다는 생각이 드니 참을 수가 없었어요. 선생님, 저도 밀알증을 받을 수 있을까요?"
"당연하지. 긍정, 배려, 최선을 위해 노력하면 밀알증은 얼마든지 받을 수 있단다."
"그런데 긍정, 배려, 최선이 뭔지 잘 모르겠어요. 발표를 잘하는 것이 긍정인가요? 친구들에게 욕하지 않는 게 배려인가요? 숙제를 꼬박꼬박하는 것은 최선인가요?"
"그렇지, 네가 말한 대로 그게 바로 긍정이고 배려고 최선이야."
"하지만 어떤 게 긍정이고 배려고 최선인지 항상 선생님께 물어볼 수는 없잖아요. 저는 긍정에는 이런 것들이 있고, 배려에는 이런 것들이 있고, 최선에는 이런 것들이 있다고 자세하게 알려주셨으면 좋겠어요."

학생이 내준 갑작스러운 숙제를 해결하려 참고 자료를 찾아보고 고민하여 정리한 끝에 '30가지 존중의 씨앗'을 완성하였다.

30가지 존중의 씨앗					
나에 대한 존중 (긍정)		너에 대한 존중 (배려)		우리에 대한 존중 (최선)	
1	자신감	11	겸손	21	믿음
자신의 능력이나 가치를 알고 있는 마음		남을 존중하고 자신을 내세우지 않는 마음		반드시 그럴 거라고 확신하는 마음	
2	용기	12	경청	22	책임
그만 포기하고 싶을 때 나약한 마음을 이겨 내고 한 걸음 더 나아가게 하는 힘		남의 말을 귀 기울여 듣는 것		자기의 맡은 일이나 임무	
3	솔선	13	공감	23	정성
어떤 일을 남이 시키기 전에 내가 먼저 스스로 하는 것		상대방의 입장에서 느끼고 생각하는 것		온 힘을 다하려는 참되고 성실한 마음	
4	신중	14	관용	24	질서
자신의 행동이나 결정에 조심스러운 태도를 지니는 것		상대방이 자기와 다르다는 사실을 인정하고 받아들이는 것		순서나 차례를 지키는 것	
5	절제	15	이해심	25	정돈
마음과 감정, 욕심을 절약하는 것		남의 처지와 기분을 헤아리려는 태도		무질서한 것을 가지런히 바로잡아 정리하는 것	
6	인내	16	양보	26	공평
참고 견디는 것		남을 위해 자신의 이익을 희생하는 것		한쪽으로 치우치지 않고 서로 공정하게 나누는 것	
7	끈기	17	보살핌	27	협동
목적지를 향해 한 발 한 발 쉼 없이 걷는 것		정성을 기울여 상대를 보호하고 돕는 일		무언가를 이루기 위해 여럿이 힘을 모으는 것	
8	양심	18	예의	28	기지
무엇이 옳은 일인지 그릇된 일인지 알려주는 마음의 목소리		상대방을 존중하는 마음과 그 마음을 나타내는 행동		경우에 따라 재치 있게 대응하는 지혜	
9	정직	19	사랑	29	평화
일어난 일을 사실대로 진실하게 말하는 것		어떤 사람이나 대상을 아무런 보상 없이 위해 주는 마음		폭력과 다툼이 없는 상태	
10	감사	20	친절	30	명예
고맙게 여기는 마음		사람을 대하는 사려 깊고 상냥하며 겸손한 태도		세상에서 훌륭하다고 인정되는 자랑이나 품위	

학급을 지탱하는 두 기둥, 보상과 행사

밀알반의 학급활동은 보상활동과 학급행사라는 2가지 기둥으로 이루어진다. 이러한 학급활동은 밀알반의 교육방침에 따라 계획되고 운영된다.

보상활동은 나에 대한 존중인 긍정을 담은 개인보상, 너에 대한 존중인 배려를 담은 모둠보상, 우리에 대한 존중인 최선을 담은 전체보상으로 진행된다. 이러한 보상활동은 강화를 통한 자율성 향상을 목적으로 개인보상(20%), 모둠보상(30%), 전체보상(50%)의 비중을 두어 실시한다.

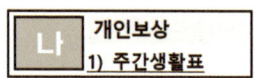

매일 학교생활을 하면서 칭찬받은 행동을 한 경우에는 칭찬표를, 다른 친구들에게 피해를 주는 등 바르지 못한 행동을 한 경우에는 아침시간·수업준비·수업태도·생활태도·과제검사의 기준에 따라 꾸중표를 주어 주간생활표에 기록한다.

단, 칭찬표의 개수가 10단위로 바뀔 때마다 우리 반을 위하여 소원열매 1개, 우리 반 친구 모두에게 칭찬표 1개, 우리 모둠을 위하여 모둠알곡 1개, 내가 뽑은 친구랑 칭찬표 1개, 일주일 동안 급식 먼저 먹기, 맛있고 달달한 간식 1개 등이라고 적힌 칭찬쿠폰을 뽑는다.

나 개인보상
2) 칭찬통장

매주 금요일마다 해당 주에 얻은 칭찬표와 꾸중표를 합산하여 칭찬통장에 누가 기록한다.

이때 특정 영역에 꾸중표가 6개 이상인 경우 SOS 신호라 여기고 부모님 상담을 신청하는 ♥모양 도장을 찍어 가정에 알린다. 꾸중표가 6개~10개인 경우 전화상담 칸에, 11개 이상인 경우 방문상담 칸에 표시한다.

단, 칭찬통장은 3월 학급 설명회를 통해 아이를 키우며 가정에서 어떤 도움이 필요한지 고민하는 부모의 마음에서 시작되었음을 진솔하게 밝힌다. 칭찬통장의 꾸중표가 많은 항목은 아직은 초등학생에 불과한 학생들이 스스로 해결하기 어려운 걸림돌에 넘어져 도움을 요청한 것이다. 이를 도와줄 교사와 학부모의 합동 작전 도구가 바로 칭찬통장이라는 공감대를 형성한 후 1분기가 시작되는 4월부터 활용한다.

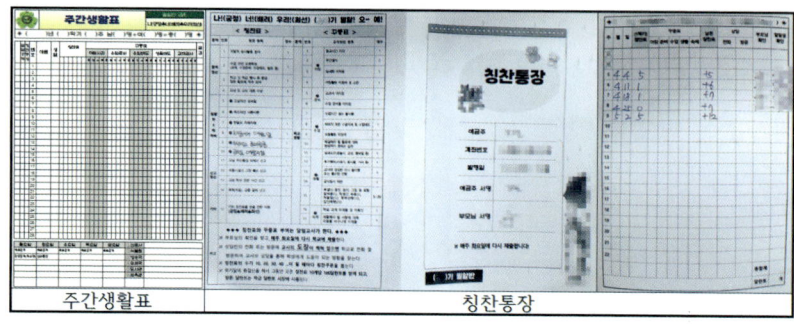

| 주간생활표 | 칭찬통장 |

너 모둠보상
1) 모둠알곡

　모둠은 4명~5명으로 5모둠에서 6모둠을 조직하고 각 모둠원의 역할을 분담한다. 예를 들어 이끔이는 이끌어가기, 꼼꼼이는 기록하기, 나눔이는 나눠주기, 지킴이는 규칙 지키기, 깔끔이는 정리하기 등이다.

　한 해를 총 4분기로 나누어 1분기는 4월~5월, 2분기는 6월~7월, 3분기는 8월~10월, 4분기는 11월~12월로 구분한다. 분기가 시작될 때마다 모둠 신청서를 받아 학생들의 의견을 최대한 반영하여 모둠을 구성한다. 단, 분기별로 다른 모둠을 선택해야 한다.

　모둠이 구성되면 모둠구호, 모둠노래, 모둠활동 약속을 정하여 모둠신문을 만들고 모둠 소개 시간을 갖는다. 모둠활동을 하면서 정해진 기준에 도달하면 교실 앞쪽 칠판의 모둠 칸에 모둠알곡을 붙여준다. 모둠별로 경쟁이 아닌 서로 협력하여 주어진 기준에 다다르도록 분위기를 조성한다.

모둠보상
2) 모둠저금통

모둠명과 모둠 역할을 미리 정해둔다. 예를 들어 신문사는 학급 소식활동, 식물원은 학급 재배활동, 방송국은 학급 홍보활동, 우체국은 학급 나눔활동, 도서관은 학급 독서활동, 체육관은 학급 체육활동 등이다.

이렇게 모둠명을 정해두면 교실 환경 구성이나 학급운영 관련 컴퓨터 프로그램 활용 시 미리 입력할 수 있어서 편리하다.

분기 시작 전인 3월에는 출석 번호순으로 임시 조를 구성한다. 예를 들어 1조(1번~4번), 2조(5번~8번), 3조(9번~12번), 4조(13번~16번), 5조(17번~20번), 6조(21번~24번)로 구성을 하되 학생 수에 따라 융통성 있게 조정한다.

매주 월요일에 지난주 모둠알곡의 개수를 세어 모둠저금통에 적고 분기별로 모둠활동을 마무리하며 모둠보상의 시간을 갖는다.

| 모둠알곡 | 모둠저금통 |

우리 전체보상
1) 소원열매

　교실 앞쪽 칠판의 한 코너에 그날그날 반 전체 학생들의 생활태도와 학습태도에 따라 빨간색 사과 모양의 소원열매를 붙여준다. 소원열매를 5개 모을 때마다 소원이벤트에 참여하게 된다.
　또한, 밀알로서 30가지 존중의 씨앗을 실천하지 않아 문제가 생기는 경우 찡그린 표정의 초록색 사과 모양으로 만든 썩은 열매를 붙여준다. 썩은 열매가 15개 초과한 경우 모든 학생이 밀알 기수에서 자동 탈락한다.

우리 전체보상
2) 소원이벤트

　소원이벤트는 과자뷔페, 컴실자유, 요리천국, 미니 올림픽, 특급하루 등 총 5단계로 진행된다. 1단계부터 5단계까지 소원이벤트가 완료되면 다시 1단계부터 시작하고, 학교 및 학급 상황에 따라 교육과정을 재구성하여 활동 시간을 확보한다.

　1단계인 과자뷔페는 하루 전에 과자와 물을 넣은 밀폐용기와 물통을 준비해 오도록 안내한다. 'ㄷ'자로 책상을 배치한 후 밀폐용기 뚜껑을 들고 돌아다니면서 먹고 싶은 과자를 먹는다. 사전에 주의 사항 3가지인 음식은 먹을 만큼만 덜어서 먹기, 음식을 흘리지 않고 만약 흘린 경우 바로 치우기, 뷔페용 클래식 음악이 들릴 수 있도록 작은 소리로 말하기를 지도한다.

컴실자유 이벤트는 학교 컴퓨터나 노트북을 활용하여 게임이나 자료 검색 등을 한다. 이때 교사는 야하고, 더럽고, 폭력적인 내용은 금지하며 이를 어길 시 해당 학생은 활동이 정지된다는 것을 미리 공지한다.

3단계 요리천국은 계절, 장소 등을 고려하여 카나페 만들기, 팥빙수 만들기, 고구마 샌드위치 만들기, 비빔밥 만들기 등을 모둠별로 실시한다. 사전에 개인 준비물과 모둠 친구들이 나눠서 가져올 준비물을 정하고, 재료는 미리 자르고 익혀서 뚜껑이 있는 밀폐용기에 넣어올 것 등을 지도한다.

미니 올림픽의 경우는 교실에서 진행되는 체육활동으로 선수단 입장, 성화 입장, 선수대표 선서, 준비체조, 각 모둠 선수선발, 개인경기, 단체경기, 정리 체조, 결과 발표, 반가 제창 순으로 진행한다.

마지막 특급하루는 학급회의를 통해 정해진 날의 1교시~4교시 활동을 결정하고 운영 시간표를 교사에게 제출한다. 교사는 내용을 검토하여 최종안 공개 후 학생들의 확인 서명을 받는다. 특급하루는 교육과정 진도가 마무리되는 학기 말에 실시할 것이라고 예고한다.

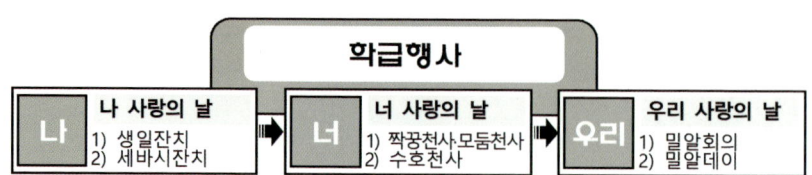

학급행사 역시 밀알반의 교육방침에 따라 나에 대한 존중인 긍정을 담은 나 사랑의 날, 너에 대한 존중인 배려를 담은 너 사랑의 날, 우리에 대한 존중인 최선을 담은 우리 사랑의 날로 진행된다. 이러한 학급행사는 자신에 대한 자존감에서 시작해서 밀알반의 자부심으로 이어지는 행복지수 향상을 목적으로 한다.

나 사랑의 날
1) 생일잔치

분기별로 개최되는 생일잔치는 생일 주인공 입장, 생일 주인공에게 한마디, 가장 바라는 소원은?, 생일 노래 부르기, 100달란트와 축하 쪽지 전달 등의 순으로 진행한다. 생일잔치 시작 전에 칠판을 생일 축하 가랜드로 장식하고 쌓아 올린 파이 위에 무선 LED 등을 올려놓는다. 1분기에는 1월~5월생, 2분기에는 6월~7월생, 3분기에는 8월~10월생, 4분기에는 11월~12월생이 생일 주인공이 된다.

생일 당일에는 칠판에 '생일 주인공 - ○○○'라 쓰고 꽃이나 나비 모양 포스트잇에 그동안 느낀 친구의 멋진 점을 적어서 사물함에 붙인다. 작성된 포스트잇을 모아서 코팅한 후 분기별 생일잔치 시간에 전달한다.

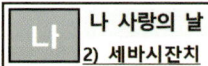
나 사랑의 날
2) 세바시잔치

생일 주인공들이 자신을 소개하는 '세바시 2분 – 세상을 바꾸는 시간 2분'을 실시한다. 칠판에 부착된 대형 타이머를 2분으로 맞춰 놓고 생일 주인공들이 1명씩 나와 한자로 자기 이름 쓰며 뜻 알려주기, 태몽 알려주기, 자신의 MBTI 설명하기, 관심사 소개하기 등을 한다.

| 생일 당일 | 생일잔치 |

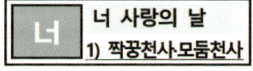
너 사랑의 날
1) 짝꿍천사모둠천사

짝꿍이 정해지면 짝꿍과 몸이 닿지 않도록 등을 맞대고 앉는다. 교사의 신호에 따라 각자 오른쪽 또는 왼쪽을 바라본다. 5회 정도를 해보고 같은 방향을 바라보는 횟수가 몇 번이나 되는지 확인한다. 그리고 자신과 짝꿍

각자 최선을 다했지만 모두 같은 방향이 되지 않았다는 것을 떠올리며 짝꿍을 있는 그대로 인정하고 소중하게 여기는 존중의 마음으로 대할 것을 당부한다.

짝꿍과 함께 분기별로 가장 듣고 싶은 칭찬과 그 이유, 가장 듣기 싫은 말과 그 이유, 부탁하고 싶은 말 등을 주제로 대화한 후 인터뷰한 결과를 포스트잇에 정리하여 게시한다.

분기가 마무리되는 날에 교사가 제공하는 도안을 활용하여 각자 모둠천사상 트로피를 만든다. 모둠 친구들에게 감사의 마음을 담아 쪽지를 쓴 후 트로피에 넣는다. 쪽지를 꺼내 읽고 소감을 자유롭게 나눈다.

너 사랑의 날
2) 수호천사

수호천사는 수호가 되는 학생이 자신이 뽑은 친구인 천사를 몰래 도와주는 비밀활동이다.

비밀미션에는 천사 몰래 신발장이나 책상 또는 주변 정리해 주기, 천사 책상 옆에 떨어진 쓰레기 줍기, 천사가 발표하면 크게 박수 보내기, 천사의 장점을 찾아내어 칭찬하기, 다른 친구들에게 천사에 대해 좋은 말 많이 해 주기, 천사에게 쪽지를 써서 기운 북돋워 주기, 매일 집에 가기 전에 한마디씩 따뜻한 말 건네기, 천사에게 미소 지어주기 등이 있다. 하루에 1개씩 비밀미션을 수행하고 내용을 수호천사 카드에 누가 기록한다.

교사도 포함된 수호천사 활동을 2주에 걸쳐서 한 후 그 결과를 발표한다.

A: 저의 수호는 누구입니까?

B: 네, 저는 당신의 수호입니다. 천사인 당신이 가진 존중의 씨앗 3가지는 ~, ~, ~입니다. 저는 당신을 위해 ~을 했습니다.

A: 저는 수호인 당신에게 (0점~100점)을 드리겠습니다. 그 이유는 ~입니다.

B: (수호천사 카드를 건네며 악수한다.)

천사에게 받은 점수가 100점인 수호는 칭찬표를 2개 얻게 되고, 0점이면 다음 수호천사 활동에 1회 참가 정지가 된다. 특히 남학생과 여학생이 서로 수호천사였던 것이 확인되면 각각 칭찬표 10개를 받는다.

우리 사랑의 날
1) 밀알회의

4학년에서 6학년 대상 전교 학생 자치회에 참석하기 위해 월 1회 학급회의를 실시하는 것과 별도로 분기별로 밀알회의를 개최한다.

밀알회의를 위해 회의 순서가 적힌 이동식 칠판, 교실 매트, 존중의 인형, 토킹 스틱이 되는 하트 쿠션, 작고 아기자기한 꽃병 등으로 아늑한 공간을 마련한다. 책상을 뒤로 빼고 의자로 둥글게 자리를 만들어 앉는다.

밀알회의는 약속하기, 마음 나누기, 주제 나누기, 감사하기 순으로 진행된다. 3가지 약속은 토킹 스틱을 가진 사람만 이야기하기, 다른 사람의 이야기를 눈으로 경청하기, 밀알회의에서 나오는 이야기는 비밀 보장하기이다.

마음 나누기에서는 지난 분기의 과정을 되돌아보며 좋았던 점, 아쉬웠던 점, 바라는 점에 대해 자유롭게 이야기한다.

주제 나누기는 다음 분기를 위해 동의가 필요한 내용을 협의하고 결정한다. 반 구호 외치기, 서로 하이 파이브 하기, 손 모아 파이팅 하기 등으로 감사를 나눈다.

특히 4분기 밀알회의는 종업식 하루 전에 실시하며 마무리로 밀알 파송식을 한다. 학생 1명씩 정해진 장소로 불러 물티슈로 손을 닦아 주면서 다른 사람들을 존중하고 도움을 주는 손이 되어 달라는 부탁과 함께 밀알증을 건넨다.

우리 사랑의 날
2) 밀알데이

매월 밀알 기수를 나타내는 숫자의 해당 일을 밀알데이로 정한다. 예를 들어 30기 밀알의 밀알데이는 매월 30일이다. 밀알데이가 되면 추억활동,

홍보활동, 봉사활동 등이 이루어진다.

1분기 밀알데이에는 'I♥DOKDO'라는 글자 구슬이 배치된 팔찌 만들기, 1분기 동안 꺼내 쓴 씨앗과 앞으로 꺼내야 할 존중의 씨앗 찾기, 밀알반 상징 마크 완성하기를 한다.

2분기에는 앞면에는 태극기를 색칠하고 뒷면에는 밀알반의 구호를 적은 목걸이 만들기, 2분기 대표 씨앗과 성장 씨앗 찾기, 밀알반의 자랑이 담긴 '교실에서 찾은 희망' 영상 촬영하기를 한다.

3분기 밀알데이에는 태극기와 독도의 모습으로 꾸민 책갈피 만들기, 3분기 동안 가꾸어온 존중의 씨앗 3가지 찾기, 독도의 날 기념 밀알반 동아리 활동 소개하기를 한다.

4분기에는 그림책 『겁쟁이 빌리』를 읽고 걱정 인형 만들기, 4분기 동안 사용한 씨앗으로 자신의 변화된 점 찾기, 밀알반을 위해 도움 주신 분들께 감사의 마음 전하기를 한다.

| 밀알회의 | 밀알데이 분기별 만들기 자료 |

2월, 빈틈없는 일정으로 교실을 준비하다

보통 2월 중순이 되면 전체 교직원 회의에서 담임하게 될 학년, 담당 업무, 사용하게 될 교실의 위치가 발표된다. 그리고 해당 학년 협의실에 모여 제비뽑기로 담임하게 된 학생들의 명단을 받는다.

그 후 본격적으로 3월을 위한 약 2주간의 준비가 시작된다. 보통 2월 3주는 새교실 대청소를 하며 밀알반의 기본 환경을 구성한다.

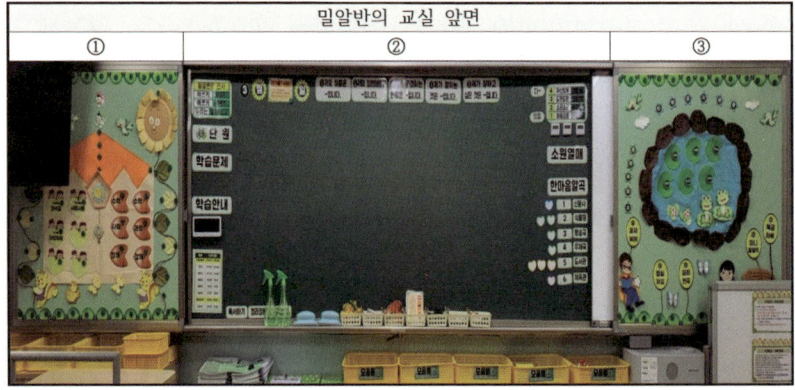

① 교실에서 지켜야 할 6가지 약속을 교실 앞면에 게시한다. 그중 안전한 학교생활을 위한 1번~3번 약속인 교실에서 귓속말, 복도에서 사뿐사뿐, 순서는 차례차례는 미리 붙이고, 4번~6번 약속은 학급회의에서 학생들이 결정한 내용이 기록된다.

그 옆에는 1교시에서 6교시 공간을 마련하고 교사가 하루 전 방과 후에 다음날 시간표에 해당하는 과목명을 부착한다.

② 칠판 왼쪽에는 밀알반 인사 문구, 날짜, 존중의 씨앗 카드를 게시한다. 아래로는 수업을 위한 단원, 학습문제, 학습안내 공간을 마련하고 대형 타이머를 부착한다. 맨 아래에는 독서하기, 정리 정돈하기 등 자투리 활동명을 붙인다.

칠판 오른쪽에는 4단계 대화 방법과 단계별 시간 조절용 소형 타이머 3개를 게시한다. 아래로는 소원열매와 모둠알곡을 붙이는 공간을 마련한다.

③ 매주 월요일에 모둠알곡의 개수를 세어 개구리밥 모양의 모둠저금통에 적는다. 분기별 모둠활동을 마무리하면서 그동안 모둠저금통에 적힌 숫자를 합산하여 모둠 순위에 따라 달란트로 격려한다.

아래의 풍선 모양에는 1단계~5단계 소원이벤트명을 게시한다. 소원열매 5개를 모으면 해당 소원이벤트명에 별 모양 자석을 붙인다.

① 모둠천사방은 분기별로 구성되는 모둠원 명단, 모둠원 역할, 자리 배치, 모둠이 해야 할 일과 모둠신문을 게시하는 공간이다.

모둠신문은 분기별로 모둠 소개와 모둠 마무리 활동에 사용된다. 앞면에 모둠 보상 순위 스티커를 부착하고 뒷면에 모둠저금통 결과를 붙인다.

② 맨 위쪽에는 ○○기 밀알반이라는 타이틀과 양쪽 옆에는 존중의 30가지 씨앗을 게시한다. 짝꿍천사방은 분기별로 새롭게 만난 짝꿍에 대해 인터뷰한 내용을 적어서 공개하는 공간이다. 수호천사방에는 수호천사 활동을 통해 친구들이 찾아준 개인별 3가지 존중의 씨앗을 붙인다.

③ 뒷면 게시판 양 가장자리에 밀알나무를 세우고 사탕 모양의 틀에 이름과 장래희망을 적는다. 학생들의 꿈은 수시로 변하기 때문에 학생들이 스스로 수정하게 한다.

밀알 산책방에는 분기별로 활동한 사진에 날짜와 활동명을 넣어 전시한다. 모은 사진은 마무리 활동 및 만남의 날 등에 활용된다.

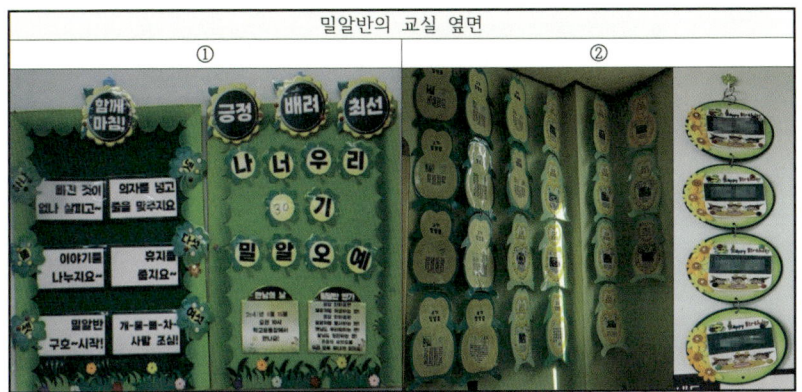

① 함께 마침판은 밀알반의 하교 약속이 기재되어 있으며 교사가 1에서 6까지의 숫자를 차례로 말하면 학생들은 숫자에 해당하는 해야 할 일을 외치며 행동으로 옮긴다. 밀알반 소개판은 밀알반의 교육방침, 구호, 만남의 날, 반가로 구성된다.

② 펭귄 걸이에는 밀알반의 기수별 학급 사진, 밀알들 이름, 만남의 날이 적혀 있다. 여름방학이 끝나고 2학기가 시작될 때 그해 8월 15일 만남의 날에 만난 선배 밀알들의 모습이 담긴 사진을 공개한다.

생일 걸이에는 분기별 생일 주인공의 이름과 생일 날짜가 기록되어 있다. 전입생이 있는 경우 추가하여 게시한다.

모든 교사는 한 해를 계획하며 순조롭고 평화로운 학급운영을 하겠노라고 다짐한다. 그러나 정신없이 진행되는 학사 일정에 허둥대다가 어느덧 정신을 차렸을 때 발견하는 것은 낙담에 빠진 비참한 모습이다.

자신도 모르게 긴장감을 불러일으키고 필요 이상으로 엄격하거나 무조건 학생들에게 정숙과 공부만을 강요하고 있기 일쑤이다. 아니면 교사로서 학급의 중심을 제대로 잡지 못하고 이리저리 휘둘리면서 몸과 마음이 완전히 지쳐 학생들을 무관심과 방임의 상태로 내몰기로 한다.

담임교사와 반 친구들에 대한 간 보기가 어느 정도 끝난 5월 정도가 되면 학급운영이 처참하게 무너진 현장에 홀로 남겨진다. 만만하다는 눈빛으로 교사를 째려보고 교사의 사소한 말에도 반항적으로 대하는 학생들이 늘어나면서 학생들은 교사인 나를 화나게 하려고 학교에 온다는 절망적인 생각에 휩싸이게 된다.

학생들 사이에서도 동물의 왕국에서나 볼 수 있을 듯한 약육강식 법칙이 철저하게 적용된다. 그로 인해 학생들은 치열한 전쟁터에서 살아남으려 몸부림치며 교실 붕괴에 무관심하거나 비상식적인 행동을 하기도 한다.

이런 끔찍한 상황을 방지하는 방법은 **3월 한 달 동안 사랑과 원칙을 지키는 것**이다. 교육방침대로 학생들을 한 인간으로 존중하는 사랑과 학급 구성원으로 올바른 행동을 할 수 있도록 이끄는 원칙이 깊게 뿌리내리도록 한다.

이를 위해 가장 중요한 것은 교사의 마음이 바쁘지 않아야 한다. **3월 첫 주의 평화로운 분위기를 끝까지 유지하면서 눈으로 학생들을 제압하는 부드러운 카리스마를 지닌 여유 있는 교사가 되려면 2월에 준비를 꼼꼼하게 해야 한다.**

2월 마지막 주에는 3월 첫날에 필요한 준비물을 챙기고 3월 첫 주의 수업을 연구한다.

학생들 책상 위, 책상 앞, 의자 뒷면에 출석번호와 이름표를 부착한다.

책상의 왼쪽에는 밀알공책, 배움공책을 올려둔다. 밀알공책에는 학급 준비물, 밀알반 소개, 30가지 존중의 씨앗, 책 친구 카드 등 학급 안내장을 넣는다. 배움공책의 60분 복습 관련 안내장은 개학식 날 밀알반 학급운영을 설명할 때 활용한다.

책상의 오른쪽에는 기초 환경 조사서, 개인정보 수집 이용 동의서 등 학교 안내장을 올려둔다.

칠판 중앙에 날짜를 붙이고 환영 문구를 적는다. 칠판 오른쪽에는 교실에 들어오면 자리 배치도에 따라 자기 자리를 찾아 앉고 자기소개 학습지를 해결하라는 내용을 써 놓는다.

교사는 가출석부를 기초로 학급요록과 주간생활표를 작성하고 출결, 과제, 평가, 생활 등이 첨부된 학급일지를 만들어 놓는다.

체험학습 신청서 및 보고서 등 학교 양식과 요약 공책, 숙제 공책, 어! 생기바 공책, 인사의 약 공책, 마음의 약 공책 등 학급 양식을 복사해 정해진 자리에 놓는다.

수호천사용(초록), 전체 학생용(노랑), 남학생용(파랑), 여학생용(분홍)으로 종이 색깔을 다르게 한 4개의 뽑기통과 화장지 및 로또 스타일 뽑기 프로그램 2개의 설정을 완료한다.

초긍정 렌즈로 들여다본 3월의 학급활동

3월 한 달 동안 교사는 초긍정 렌즈가 삽입된 선글라스를 써야 한다. 학생들의 모습을 어느 것 하나 놓치지 않고 관찰하며 그중 특히 긍정적인 요소에 집중하면 아침마다 교사의 얼굴을 보기 위해 학교로 모여드는 학생들의 작고 예쁜 마음이 보이기 시작한다.

이제는 익숙해질 만도 한데 늘 3월 첫날은 설렘과 두려움으로 잠 못 이루는 신규교사가 된다. 초긍정 선글라스를 꺼내 쓰고 존중이라는 미소를 머금은 채 교실 문을 연다.

"지금부터 선생님을 소개하겠습니다. 선생님은 성격이 매우 내성적이라 부끄러움이 많고 낯가림이 심합니다. 초등학교 2학년 때까지 한글도 읽지 못하고 덧셈과 뺄셈도 제대로 하지 못했습니다. 중학교 때는 너무 뚱뚱해서 '슈퍼 울트라 돼지'였습니다. 고등학교 1학년 때 첫 모의고사에서 반 학생 40명 중 27등을 했습니다. 이 중 선생님의 경험이 아닌 것은 몇 번일까요?"

"정답은 없습니다. 모두 선생님의 이야기입니다. 나를 있는 그대로 인정하고 소중하게 여겨주신 담임 선생님들과의 기적 같은 만남을 통해 선생님이 될 수 있었습니다."

	밀알반의 3월 첫날 일정
소개하기	◉ 밀알샘 소개하기 - 밀알샘의 교육철학은 '교육=존중'이다. ◉ 자기 소개하기 - 앞으로 나와서 "제 이름은 ○○○입니다."라고 크게 말한다. ◉ 밀알반 소개하기 - 밀알은 존중의 씨앗이라는 뜻이다. - 밀알반의 교육방침은 나에 대한 존중인 긍정, 너에 대한 존중인 배려, 우리에 대한 존중인 최선이다. - 밀알반의 인사, 구호, 반가, 만남의 날, 학급활동, 수업활동 등에 대해 설명한다.
약속하기	◉ 학년 약속 안내하기 - 학년 협의에서 결정한 학년 규칙을 알린다. ◉ 밀알반 약속 안내하기 - 교실에서 지켜야 할 3가지 약속 (교실에선 귓속말, 복도에선 사뿐사뿐, 순서는 차례차례) - 밀알반의 3대 금지 약속 (욕설 금지, 학교에서 휴대폰 사용 금지, SNS 단톡 금지) ※ 추가 약속 및 금지 약속은 다양한 여건을 고려하여 학생들과 진솔한 대화를 통해 결정한다.
익히기	◉ 출석번호 익히기 - 출석번호에 따른 신발장, 사물함, 우산꽂이 등 위치 확인하기 ◉ 전담실이나 체육관 이동 방법 익히기 - 의자 넣고 조용히 복도에 남학생 1줄, 여학생 1줄로 1분 안에 줄서기 ◉ 사진 촬영하기 - 학급 전체 사진 촬영하기 ◉ 안내장 배부하기 - ★표시한 안내장은 다음날 바로 제출하기 ◉ 공책 사용법 익히기 - 학급 안내장을 밀알공책의 정해진 쪽수에 붙이기 - 수업 후 60분 복습하는 방법대로 배움공책 작성해 보기 ◉ 알림장 사용법 익히기 - 학생과 학부모 모두 클래스팅에 가입 후 다음날부터 활용하기 - 첫날 알림장만 교사가 출력해서 배부하기

교육은 교사, 학부모, 학생이라는 3박자가 잘 어우러질 때 알찬 성과를 남긴다. 학생이 성인으로 성장하기까지의 삶 프로젝트에서 학생에 대한 책

임은 부모에게 있다. 교사는 그 과정 중 1년 프로젝트에 참여하는 것이다. 교사, 학부모, 학생이 얼마나 서로를 믿고 의지하느냐에 따라 프로젝트의 성공과 실패가 결정된다.

3월 중순에 실시하는 학교 및 학급 설명회는 교사와 학부모를 신뢰의 끈으로 단단히 묶는 가장 중요한 기회가 된다. 개인적으로 주변의 부담스러운 기대를 받거나 불편한 사람들과 엮이는 것이 싫어, 자발적 아웃사이더로 지내는 것이 익숙하고 편하다. 하지만 이때만큼은 수영할 때 물 먹을 각오를 하는 것처럼 상황에 정면 대응한다.

밀알반의 학급 설명회 순서	
밀알샘 소개하기	- 교육경력, 담임경력, 교육철학, 교육방침에 대해 안내한다. - 밀알은 존중의 씨앗이라는 뜻이다. - 밀알샘은 존중의 씨앗을 응원하는 선생님이라는 뜻이다. - 밀알반은 존중의 씨앗들이 모인 학급이라는 뜻이다.
밀알반 소개하기	- 교실 환경 곳곳에 녹아 있는 교육방침을 안내한다. - 밀알반의 인사, 구호, 반가, 만남의 날, 학급활동, 수업활동 등에 대해 설명한다.
○○기 밀알반 소개하기	- 학급 학생 수와 교사의 본교 경력을 안내한다. - 밀알반은 총 4분기로 운영되며 분기별로 모둠구성과 자리배치가 이루어진다. 단, 3월 한 달 동안 출석번호대로 조를 구성한다. - 독도의 밀알은 밀알반의 동아리 활동이다. - 밀알반의 3가지 교실 약속과 3가지 금지 약속에 대해 설명한다.
○○기 밀알반 약속하기	● 밀알반의 당부 사항 안내하기 - 클래스팅 알림장 꼭 확인하기 - ★표시가 있는 안내장은 다음날 바로 제출하기 - 매일 배움공책(60분 복습) 확인하기 - 주말 밀알공책(독서) 확인하기 - 매주 월요일 칭찬통장 확인하기 - 지각, 조퇴, 결석, 교외체험학습 등이 있는 경우 반드시 사전에 연락하기 - 그 외 급한 일이 있는 경우 연락처 공지하기

- ◉ 3월 밀알반 생활교육 안내하기
- 생활교육(친구관계): 뒷담화하지 않기, 욕하지 않기
- 생활교육(갈등해결): 어! 생기바(I 메시지), 인사의 약(사과하는 방법), 다툼의 해결 과정 4단계(규칙에 따라 감정 해결하기, 선생님과 함께 해결하기, 부모님과 상담하기, 학교 수준에서 대처하기)
- 생활교육(학교폭력예방교육): 학교폭력의 종류(신체폭력, 언어폭력, 금품갈취, 강요, 성폭력, 사이버폭력, 따돌림), 학교폭력 가해자 처분 과정
- 생활교육(가정교육): 자녀에게는 숨어있는 30가지 존중의 씨앗이 있으니 비난과 화풀이가 가득한 말 자제하기

2.
흐르는 시간 속에서 자라다

4월~5월, 관계의 규칙이 자리 잡는 시기

1분기인 4월과 5월은 존중의 씨앗들이 본격적인 싹을 틔우는 시기이다.
4월의 1학기 학부모 상담, 1학기 1권 책 읽기를 거치면서 존중의 씨앗은 싹을 틔우게 된다. 5월의 어린이날 행사, 어버이날 행사, 스승의 날 행사를 통해 존중의 떡잎과 본잎이 모습을 드러낸다.

4월, 학부모 상담으로 학급운영 어필

3월 학교 및 학급 설명회가 마무리되면 4월 초까지 1학기 학부모 상담이 진행된다. 학생들을 만난 지 한 달도 채 되지 않았기 때문에 1학기 학부모 상담은 주로 학부모가 자녀에 대해 이야기하고 교사는 학생에 대한 정보를 듣는 입장이다.

코로나19 이전에는 상담을 희망하는 학부모가 학교에 직접 방문하는 대면상담이 대부분이었다. 그래서인지 학교생활에 어려움이 보이는 학생의 부모님이나 직장 일로 바쁘신 부모님과의 상담은 제대로 이루어지지 않았다.

코로나19로 반 전체 학부모를 대상으로 전화상담을 하게 되었다. 날짜, 시간대, 10분~15분 간격으로 상담이 진행된다는 내용이 포함된 임시 일정표를 작성하여 가정에 알리고, 조정이 필요한 경우 교사와 협의하여 일정을 확정한다. 가정 환경 조사서와 상담 도움 자료를 토대로 이야기를 이끌며 상담을 진행한다. 낯선 시도라 예고 없이 닥칠 여러 변수로 염려가 많았으나 교사와 학부모 사이에 꿈틀거리는 먹먹함은 마치 전우애 같았다.

요즘엔 상담 시간 제약, 상담 필요시기의 적정성 확보 등 상담 방법을 보완하여 상담 효과를 높이고자 교육부 고시 제2023-28호 「교원의 학생생활지도에 관한 고시」[1]에 근거하여 별도의 상담주간을 운영하지 않고 예약상담 또는 수시상담으로 진행되고 있다.

최근 교권이 심각하게 침해되고 있는 상황에서 교사의 교육활동을 보호하고 학생들의 건강한 발달과 행복한 성장을 위한 깊은 고민 끝에 내린 조

---

1) 제3장 제10조
  ⑤ 제4항에 따른 상담의 일시 및 방법 등은 학교장이 정하는 바에 따라 사전에 협의해야 한다.
  ⑥ 제4항에도 불구하고 학교의 장과 교원은 다음 각호의 상담을 거부할 수 있다.
    1. 사전에 목적, 일시, 방법 등이 합의되지 않은 상담
    2. 직무 범위를 넘어선 상담
    3. 근무 시간 외의 상담

치가 분명하다. 하지만 학부모 상담주간은 학년 초 학급운영에 대한 지지와 이해를 학부모에게 공식적으로 어필할 수 있어서, 그릇된 선입견으로 인한 오해를 사전에 방지할 수 있는 기회였음을 부정할 수 없다.

이러한 학부모 상담주간의 장점을 살리려면 3월 중순 학교 설명회에 많은 학부모가 참여할 수 있도록 사회적 분위기를 조성하는 한편, 학교와 학급 차원에서도 적극적인 지원과 홍보가 필요하다고 생각한다.

4월, 『일곱 빛깔 독도 이야기』에 빠지다

2015 개정 교육과정에 있는 '한 학기에 1권 책 읽기'에 따라 '온 작품 읽기'가 활발하게 이루어지고 있다. 온 작품 읽기란 말 그대로 온(일부가 아니라 전체로, 온전히) + 작품(그냥 글이 아닌 작품다운 좋은 작품을) + 읽기(읽기 전, 중, 후 제대로 읽기)이다. 책 1권을 처음부터 끝까지 천천히 해부하듯 읽되 단어 하나하나에도 생각을 떠올려 뇌를 전체적으로 자극하고 이 과정에서 문해력을 강화하는 게 목적이다.

교과서 부록에 수록된 책, 학생들이 읽고 싶어 하는 책을 선택하는 게 좋다. 밀알반은 독도의 밀알 동아리 활동과 연계하여 『일곱 빛깔 독도 이야기』를 선정하여 읽는다. 학기 초 학교 도서관 도서 구비 시 학급 학생 수만큼 신청하여 준비해 놓거나 학급운영비로 구입한다.

읽기 전	◉ 제목과 표지, 차례의 글과 그림을 보며 이야기 나누기 1) 왜 제목이 '일곱 빛깔 독도 이야기'일까요? 2) 그림은 무엇을 나타낸 것일까요? 3) 겉표지에 적힌 '누구나 알지만 아무도 모르는 동서남북 우리 땅 2'는 무엇을 의미할까요? 4) 차례에는 독도가 우리 땅인 이유가 몇 가지로 나와 있나요? 5) 속표지에 적힌 이 책의 작가는 누구이고 다른 작품에는 무엇이 있나요? 6) 뒤표지에 적힌 작가가 여러분들에게 꼭 전하고 싶은 말은 무엇인가요?
읽기 중	◉ 총 7장으로 구성된 내용을 다양한 방법으로 읽기 
읽기 후	◉ '책 친구 - 보고서' 작성하여 발표하기 - 등장인물과 일어난 일 적기 - 자신의 소감을 한 문장으로 요약하기 - 마음에 드는 한 줄과 그 까닭 적기 - 별 평점과 그 이유 적기 ◉ 책 표지 그림과 책 추천서 글을 완성하여 복도에 게시하기

5월, 효도책자에서 피어나는 카네이션

어버이날 당일에 부모님 몰래 교사와 학생들만 아는 효도미션 4가지를 수행한다.

밀알반의 효도미션		
	1	5월 8일 아침에 일찍 일어나 깨끗하게 세수하고 단정한 자세를 갖춘다.
	2	부모님 앞에서 "감사합니다."라고 말하며 자신이 만든 카네이션을 달아 드린다.
	3	효도책자 8면을 보며 <어버이 은혜> 노래를 정성껏 부른다.
	4	효도책자를 부모님께 공손하게 드린다. ※ 효도상품권 유효기간은 1학기 종업식까지이며 일주일에 2장까지만 사용 가능하다. ※ 사용한 효도상품권은 부모님 사인을 받는다.

효도미션 수행을 위해 사전에 B4용 색지 1장을 접어 총 8면으로 구성된 효도책자를 만든다.

1면에는 색종이로 예쁘게 접은 카네이션을 붙이고, 2면에는 감사 문구를, 3면에는 부모님께 드리는 상장을, 4면에는 부모님께 전하는 약속 3가지를 적는다. 5면에는 부모님께 드리는 감사 편지를, 6면과 7면에는 사랑의 안마, TV 그만 보기, 웃겨 드리기, 사랑의 뽀뽀, 심부름하기, 휴대폰 그만하기, 노래와 춤 공연하기, 학교생활 이야기하기, 밥상 차리기 돕기, 부모님이 원하시는 것이 담긴 10장의 효도상품권을, 8면에는 <어버이 은혜> 가사를 붙인다.

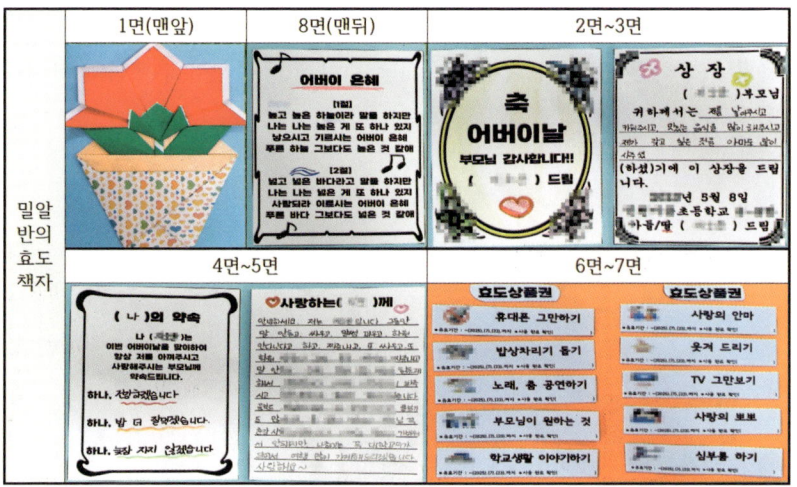

5월, 오늘은 어린이날 우리들 세상

4월 말이 되면 〈어린이날 노래〉에 친숙해질 수 있도록 분위기를 조성한다. 어린이날을 기념하며 교사의 마음을 담아 "존중의 씨앗인 ○○○야, 어린이날 축하해!"라는 말과 함께 밀알반 볼펜을 건넨다.

그리고 부모님이 자녀에게 쓴 편지를 읽는 시간을 갖는다. 이를 위해 사전에 어린이날을 맞아 사랑하는 자녀에게 쓴 편지를 넣어 밀봉한 편지봉투를 자녀 편에 담임교사에게 전달해 달라고 안내한다. 만약 부모님이 쓴 편지가 없는 학생이 있다면 교사가 사전에 확인하여 맥아더 장군의 「자녀를 위한 기도」라는 글을 출력하여 편지봉투에 넣어준다.

교실에 흐르는 잔잔한 음악과 함께 부모님이 쓴 편지를 읽은 후 답장을 배움공책의 하루 감사 3줄에 쓴다. 저녁 시간에 가정에서 부모님의 확인을 받고 고마움을 전한다.

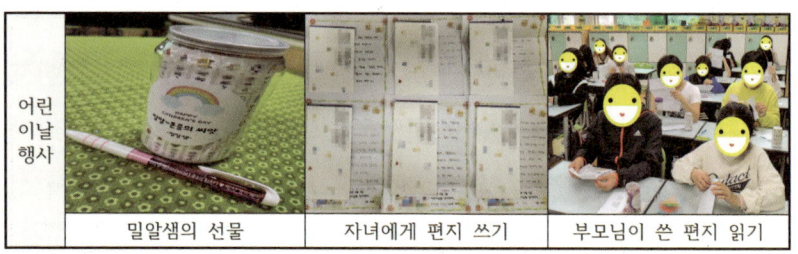

| 어린이날 행사 | 밀알샘의 선물 | 자녀에게 편지 쓰기 | 부모님이 쓴 편지 읽기 |

5월, 밀알샘이 알고 싶다

담임교사에 대해 얼마나 알고 있는지 점검하는 스승의 날 경시대회를 실시한다. 나이, 키, 좋아하는 음식, 행동, 고향, 패션, 수업 시간에 자주 하는 말 등으로 구성한다.

이해인 수녀님의 시 「어느 교사의 기도」를 교사가 낭독하고, 밀알샘은 밀알들로 인해 지금 가장 행복하고, 이런 감정을 갖게 한 것이 가장 큰 감사의 표현이므로 따로 마음을 전하지 않아도 된다는 뜻을 전한다.

학교에 계신 이전 담임 선생님 또는 전담 선생님께는 고마운 마음을 글과 그림으로 편지를 써서 쉬는 시간에 직접 전해드리도록 한다.

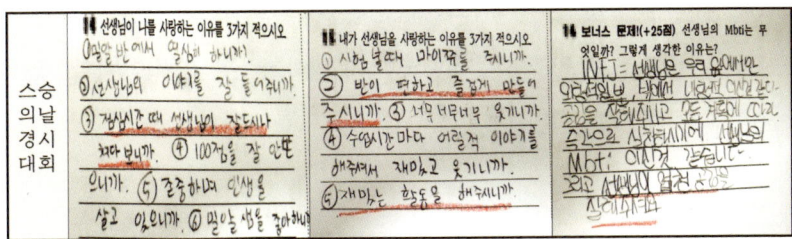

6월~7월, 지치지 않기 위한 중간 점검

2분기는 6월의 호국보훈의 달 행사와 통일교육주간, 7월의 1학기 존중의 시장과 1학기 마무리 활동을 통해 존중의 씨앗들이 예쁜 꽃을 피우는 시기이다.

6월, 보훈의 마음으로 나라 사랑

현충일 관련 영상자료로 현충일의 의미, 현충일에 조기 게양하는 방법, 현충일 노래를 배우고 익힌다.

어린이정부포털 누리집(https://kids.gov.kr/org/orgNat.ds)을 활용하여 우리나라 5대 상징인 태극기, 애국가, 무궁화, 나라 도장, 국새의 의미와 쓰임새에 대해 살펴본다. 그리고 태극기 그리기, 국기에 대한 맹세 따라 쓰기, 무궁화 그리기, 애국가 따라 쓰기 등의 나라 사랑 학습지를 해결한다.

노트북이나 태블릿 PC를 이용하여 순국선열의 희생과 헌신을 기리는 독립기념관, 서대문 형무소 역사관, 근현대사 박물관, UN 평화기념관 등 보훈기념관을 VR 견학으로 체험한다.

호국보훈의 달 관련 교육지원청 등에서 실시하는 독립운동가 후손이 들려주는 독립운동사 바로 알기 교육 등의 다양한 활동에 참여한 후 소감을 나눈다.

6월, 빨강팀과 파랑팀의 소원은 통일

통일부는 국민의 통일 의지를 높이기 위해 2013년부터 매년 5월 넷째 주를 통일교육주간으로 지정하고 있다. 매년 다른 슬로건을 내걸고 통일교육 참여 프로그램 및 콘텐츠를 제공한다. 국립통일교육원(https://www.uniedu.go.kr) 누리집을 활용하여 매일 풀어보는 통일퀴즈 도전! 데일리 통일미션, 다양한 통일 문화 이벤트가 준비된 내 일상 속 통일 이야기, 초등학교 5학년~6학년 대상 온라인 통일 골든벨 등 다양한 온라인 체험을 한다.

준비해 온 신문지 2장을 펼쳐 가운데 선을 기준으로 이등분한 종이로 동그랗고 단단하게 공을 4개 만든다. 책상을 양쪽 벽으로 밀고, 남은 책상과 의자를 중앙에 놓아 양쪽으로 영역을 나누어 팀을 정한다. 주어진 시간 동안 상대방 진영으로 신문지 공을 더 많이 던지면 이긴다는 것과 상대방 진영으로 넘어가지 않기, 상대방의 얼굴을 맞히지 않기, 다치지 않도록 조심하기 등 규칙을 설명한다.

신문지 공 싸움이 끝나면 상대 영역으로 이동하여 떨어진 신문지를 펼쳐서 차곡차곡 쌓은 후 높이로 승패를 확인한다. 느낀 소감을 나누며 우리 민족이 왜 갈라지게 되었는지 살펴본다.

부직포를 활용하여 만든 빨간색 하트 모양은 교실 앞쪽에 앉은 학생들에게, 파란색 하트 모양은 교실 뒤쪽에 앉은 학생들에게 나눠주고 가슴에 달게 한다.

"지금부터 여러분을 빨강팀과 파랑팀이라 부르겠어요. 이제부터 6교시가 시작되기 전까지 빨강팀과 파랑팀은 서로 이야기를 나눌 수 없어요. 눈빛 교환도 3초 이상 하지 않도록 해요. 그리고 빨강팀은 앞문으로만 통행하고 파랑팀은 뒷문으로만 통행할 수 있어요. 선생님이 말한 약속을 꼭 지켜주세요."

드디어 6교시! 밀알반 구호를 외치는 학생들의 우렁찬 소리로 답답함을 씻어내며 이산가족의 아픔을 헤아려 본다.

| 신문지 공 싸움 | 빨강팀과 파랑팀 분단 체험 |

7월, 재능 기부의 마중물인 존중의 시장

　도덕과 교육과정의 '우리가 만드는 도덕 수업 1' 활동으로 1학기 존중의 시장을 운영한다. 자신의 재능을 사고파는 과정에서 얻은 소득으로 소비도 하고 기부도 해보는 기회가 된다.

　먼저 존중의 시장 계획서를 작성한다. 재능 내용, 재능 가격, 가게 이름, 가게 안내판을 정한다. 자신이 잘하는 것 20가지를 찾아보고 그중 나누고 싶은 재능 1가지를 선정한다. 예를 들어 안마하기, 캐릭터 그리기, 머리 묶어주기, 노래 부르기, 악기 연주하기, 호신술 함께 해보기 등이 있다.

　1인 1가게 운영 규모는 자신의 책상과 의자이다. 8절지를 활용하여 재능 가게 안내판을 만들고 가게 이름, 판 사람, 산 물건 종류 및 가격 등이 기재되어 있는 영수증을 미리 준비한다. 모든 재능의 가격은 100원이고 반 학생 수만큼 100원짜리 동전을 준비한다.

당일 1교시에는 재능 가게 오픈 준비를 한다. 집에서 가져온 예쁜 천으로 책상을 덮고 가게 안내판을 부착한다. 영수증, 동전, 개인 준비물을 책상 위에 정리해 놓는다. 교사는 재능을 파는 사람에게는 자신감과 친절, 재능을 사는 사람에게는 감사와 예의가 필요함을 지도한다.

2교시에는 20분 동안 A팀이 재능을 팔고 B팀이 재능을 사는 시간을 갖고, 나머지 20분 동안은 A팀과 B팀이 역할을 바꾸어 활동한다.

3교시에는 30분 동안 자유시장 형태로 운영되며 팀을 구분하지 않고 자유롭게 재능을 사고파는 시간을 갖는다. 그리고 나머지 10분 동안 모은 돈과 영수증을 정리하여 개인별로 존중의 시장 활동으로 얻은 총금액을 확인한다.

4교시에는 선배 밀알들의 후원자 확인증을 보면서 후원의 중요성에 대한 영상을 시청한다. 자발적으로 존중의 시장 수익금으로 기념일 후원에 기부하는 기회를 갖고 참여 소감을 나눈다.

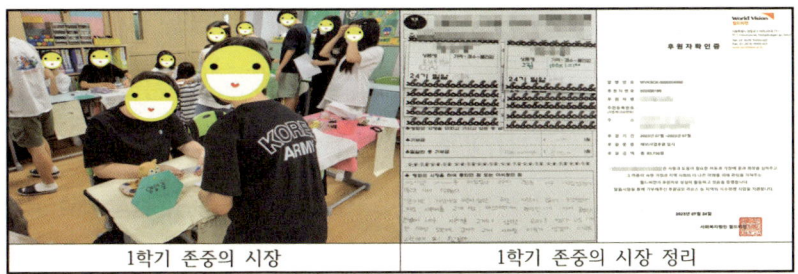

| 1학기 존중의 시장 | 1학기 존중의 시장 정리 |

7월, 1학기 밀알반 돌아보기

1학기를 마무리할 즈음이 되면 학생들은 예측 불가능한 모습을 드러낸다. 이때 필요한 것이 1학기 학급운영을 되돌아보고 성찰하는 과정이다.

1학기 동안 밀알 산책방에 게시되었던 활동사진들을 모아 칠판에 전시한다. 학생들에게 스티커 5장씩을 나눠주고 가장 기억에 남은 장면에 붙이도록 한다. 이때 활동사진 1장당 1개~3개까지 스티커를 붙일 수 있다고 미리 안내한다.

스티커 총 개수를 확인하여 1학기 밀알반의 6대 특종을 선정하고, 모둠별로 정해진 특종과 밀알반의 다양한 기사로 완성된 모둠신문을 복도에 게시한다. 모둠이 5개이면 5대 뉴스를 선정하고 모둠이 6개이면 6대 뉴스를 선정하며 활동사진은 모둠신문 만들 때 활용한다.

여름방학 일주일 전 1학기 달란트 시장 준비를 한다. 학생들에게 개인보상, 모둠보상, 생일 축하 선물 등을 통해 그동안 모았던 달란트를 학교에 가져오도록 안내한다.

교사는 1학기 달란트 시장 선물로 활용될 간식류, 문구류 등의 물품을 준비해 두었다가 하루 전에 100달란트, 200달란트, 300달란트, 500달란트 등으로 가격을 표시한 후 교실 앞쪽 진열대 위에 올려놓는다. 이때 긴 천으로 물품을 덮어 놓아 궁금증을 자아낸다. 뽑기 프로그램으로 순서를 정하고 가지고 있는 달란트 액수만큼 물품을 고른 후 계산대에서 달란트를 지불한다.

생각 주머니에서 1학기 동안 모은 학습지를 꺼내 국어, 수학, 사회, 과학, 기타로 정리하고 맨 위에 나에게 선물하는 글과 그림으로 표지를 완성한 후 대형 집게로 묶어 가정으로 가져간다.

1학기를 되돌아보며 학급 친구들과 함께 고생했어, 미안했어, 고마웠어, 칭찬해, 응원해 등의 진심을 담은 롤링페이퍼 돌려쓰기 후 소감을 나눈다.

교사가 배부한 자신의 1학기 생활통지표를 살펴본다. 그리고 밀알샘과 함께한 학급활동 중 가장 기억에 남는 것, 재미있었던 수업이나 힘들었던 수업, 밀알샘의 가장 좋은 점, 고쳤으면 하는 점, 하고 싶은 말 등 학생들이 담임교사에 대한 1학기 밀알샘 성적표를 솔직하고 자세하게 작성한다. 이를 통해 얻은 데이터는 더 행복한 2학기 밀알반을 위한 정보로 활용한다.

| 1학기 밀알반 6대 뉴스 선정 | 1학기 달란트 시장 |

8월~10월, 제각각 마음을 하나로 모아 텐션 업

3분기는 8월~10월의 2학기 첫날, 2학기 1권 책 읽기, 추석 맞이 전통 놀이, 현장체험학습을 통해 존중의 씨앗들이 탐스러운 열매를 맺는 시기이다.

8월, 2학기 첫날 짓눌림과 설렘 사이에서

한 주가 시작되는 월요일 출근길은 늘 몸과 마음이 무겁다. 일명 월요병이라 하는데 그 월요병의 100배 이상 무게로 다가오는 게 2학기 첫날이다. 칠판에 밀알반 삼행시를 미리 적어 놓고 학생들의 책상 위에 학습지 2장을 올려놓는다.

'여름방학 진진진가'에는 여름방학 동안 한 일 4가지를 쓰되 3가지는 진실을, 1가지는 진실 같은 거짓을 쓰게 한다. 정답은 친구들에게 절대로 알려주지 않고 완성한 학습지를 반으로 접어 가방에 잘 넣어둔다.

'2학기 아자 편지'에는 2학기를 새롭게 시작하며 힘내자는 외침과 다짐을 주제로 종업식 날 이 글을 읽을 자신에게 편지를 쓴다. 교사는 편지를 잘 보관하였다가 종업식 날 배부한다.

1교시 개학식이 끝나면 여름방학 동안 한 일 4가지를 '진진진가'로 이야기한다. 친구가 발표한 내용을 잘 듣고 맞는 내용인 것 같으면 O표, 거짓인 것 같으면 ×로 표시한다. 학생들의 발표가 끝나면 정답을 공개한다.

여름방학 과제 검사를 한다. 친구들이 차례로 여름방학 과제 확인을 받는 동안 짝꿍이랑 리듬에 맞춰 계단 박수 5단계를 연습한다. 익숙해지면 모둠별로 연습하고 다시 조별로 연습을 한 후 마지막으로 밀알반 전체가 성공하면 2학기 출발을 격려한다.

"짝 짝짝 짝짝짝 짝짝짝짝 짝짝짝짝짝 짝짝짝짝 짝짝짝 짝짝 짝 파이팅!"
"2명에서 시작했던 박수가 밀알반 모두까지 성공했구나. 정말 대단하고 자랑스럽다. 지금처럼 옆에 있는 친구들과 호흡을 맞춰 2학기를 씩씩하게 시작하자."

| 환영 칠판 글 | 계단 박수 |

8월, 주병국 주방장과 만나다

주병국 주방장, 외계인 친구 1호, 독립 만세, 쑥대밭, 껌, 쿵쿵 등 6가지 이야기로 구성된 『주병국 주방장』을 선정하여 읽는다. 긴 글을 지루해하는 학생들도 즐겁게 읽을 수 있고 함께 생각해야 할 안타까운 문제들도 다루고 있다. 특히 첫 이야기인 주병국 주방장은 꿈을 위해 노력하는 주병국에게 집중하며 천천히 읽기를 한다. 나머지 5가지의 이야기도 끝까지 읽도록 지도한다.

읽기 전	● 앞표지를 보며 이야기 나누기 1) 책 이름, 지은이, 펴낸 곳은 어디인가요? 2) 케이크를 들고 있는 사람과 조각 케이크를 먹으려고 하는 사람은 어떤 관계로 보이나요? 3) 표지와 제목을 보니 이 책은 어떤 내용일까요? ● 뒤표지를 보며 이야기 나누기 1) 이 책의 6명의 주인공들은 누구인가요? 2) 이 책의 작가가 여러분들에게 전하고 싶은 말은 무엇인가요? ● 책 표지 그리기		
읽기 중	● 11쪽~22쪽 읽고 관련 활동하기		
	교사가 읽어주기	활동1	활동2
	(주병국 주방장)	주병국처럼 집에 혼자 있다면 무엇을 하고 싶나요? (몸으로 표현하고 맞춰보기)	자신의 꿈이나 하고 싶은 일을 나타내는 진로 삼각 책 만들기
	● 23쪽~31쪽 읽고 관련 활동하기		
	읽기천사가 읽어주기	활동1	활동2
		어떤 상황인가요? (친구들을 집에 초대하여 요리하다가 술 먹고 잠든 상황)	뒷이야기를 상상하여 적어보기
	● 32쪽~40쪽 읽고 관련 활동하기		
	혼자 읽기	활동1	활동2
		주병국에게 하고 싶은 말은 무엇인가요? (육각보드에 적고 칠판에 붙이기)	꿈에 대해 고민하는 주병국에게 편지쓰기

읽기 후	● '책 친구 - 주인공 주병국 성적표' 작성하여 발표하기 - 30가지 존중의 씨앗을 참고하여 평가 기준을 정하고 3단계로 평가하기 (◎: 잘함, ○: 보통, △: 노력 요함) - 행동 특성 및 종합 의견, 응원과 격려의 말 적기

9월, 교실 안으로 초대한 추석

가을 대운동회는 학교의 가장 큰 행사 중 하나이다. 협동과 화합의 장이라는 여러 장점도 있지만 보여주기식 활동, 오랜 연습 기간 등 파행적인 교육과정 운영으로 여러 문제점을 도출하였다. 그래서 요즘은 위탁 업체를 통한 운동회나 소운동회 형식으로 운영되는 경우가 많다.

음력 8월 15일 추석을 맞이하여 총 4면으로 구성된 추석 미니북 만들기를 한다.

1면에는 추석 하면 떠오르는 것을 생각 그물로 그려 표지를 완성한다.

2면에는 추석의 의미를 조사하여 기록한 후 달님에게 빌고 싶은 소원을 적는다.

3면에는 송편 빚는 방법을 소개하고 송편 빚기 체험 후 생각이나 느낌을 쓴다. 익반죽으로 송편을 만드는 직접 체험활동이나 지점토를 활용한 간접 체험활동도 가능하다.

4면에는 추석을 준비하고 보내며 자신의 소감을 글과 그림으로 표현한다.

강당이나 운동장 또는 교실을 활용하여 코너 활동으로 진행되는 밀알반의 추석 맞이 전통 놀이는 학교 운동회가 열리는 경우 서로 연계하여 재구성한다.

준비체조 후 안전 관련 유의 사항을 안내한다. 10분마다 교사의 신호에 따라 모둠별로 코너를 이동하며 전통 놀이 체험을 한다. 단, 대기시간에는 코너 중앙에 준비된 공기놀이를 한다.

[5코너] 딱지치기	⬆	[1코너] 투호놀이
⬆	[대기시간] 공기놀이	⬇
[4코너] 비사치기 ⬅	[3코너] 윷놀이 ⬅	[2코너] 제기차기

| [1코너] 투호놀이 | [2코너] 제기차기 | [3코너] 윷놀이 | [대기시간] 공기놀이 | [5코너] 딱지치기 |

10월, 안전과 추억의 크기는 같다

현장체험학습은 학년별, 장소별 등에 따라 다양한 변수가 발생하므로 안전을 제일 먼저 고려하여 융통성 있게 수정하고 보완한다. 다음은 6학년 에버랜드 현장체험학습 사례이다.

가장 먼저 사전 안전교육을 한다. 총 10문제의 안전사고 예방 테스트가 있으며 만약 정한 기준을 통과하지 못하면 선생님과 동행해야 함을 미리 안내한다. 체험학습 일정, 이동 시 안전 유의 사항, 준비물, 기타 주의 사항에 대해 자세하게 지도한 후 약속대로 평가한다.

놀이공원에서 같이 다닐 팀 구성은 평소 친한 친구들끼리 함께 하는 것보다는 놀이기구를 타는 강도가 비슷한 친구들과 한 팀을 해야 후회나 아쉬움이 없음을 설명한다. 또한, 무제한 데이터 사용이 가능한 휴대폰이 있는 친구가 팀별로 1명 이상 되도록 하고 도움이 필요한 친구를 고려하여 팀을 짠다.

팀이 구성되면 체험할 놀이기구와 위치, 팀원 이름과 연락처, 식당과 의무실 위치 등을 담은 계획서를 작성한다. 특히 팀장은 12시, 13시, 14시에 담임교사에게 확인 문자 '현재 저희 ○팀 ○명은 ~에 있으며 아프거나 다친 친구는 없습니다.'와 인증 사진 '팀원 모두 웃는 얼굴로 브이 포즈, 세상 귀여운 얼굴로 하트 포즈, 가장 사랑스러운 얼굴로 꽃받침 포즈'를 보내도록 한다.

현장체험학습 하루 전에는 A4용지 1장에 일정, 활동 내용, 주의 사항, 준비물, 집결 장소 위치를 정리하여 나눠주며 다시 한번 꼼꼼하게 점검한다.

| 웃는 얼굴로 브이 포즈 | 귀여운 얼굴로 하트 포즈 | 사랑스러운 얼굴로 꽃받침 포즈 |

11월~12월, 자람과 모자람을 돌아보는 시기

4분기는 밀알반 11월 11일, 12월의 2학기 존중의 시장과 2학기 마무리 활동을 통해 존중의 씨앗들이 감사의 열매를 거둬들이는 시기이다.

11월, 밀알반의 11월 11일은 선택이다

11월 11일이 다가오면 학생들의 마음이 설렘으로 술렁이기 시작한다. 사실 빼빼로 데이는 전형적인 데이 마케팅으로 법정 기념일이 아니라 상업적 기념일이다. 사전에 다양한 11월 11일 기념일에 대해 살펴보는 시간을 갖는다.

순	기념일	내용	적용
1	해군창립기념일	■ 손원일 제독이 광복에 즈음해 해양과 국토 수호 장병을 모집하여 1945년 11월 11일 해군 결성 ■ 十一월 十一일은 士(선비사)가 2번 겹치는 날	
2	UN 참전용사 국제추모의 날	■ 6·25전쟁에 참여하여 대한민국의 자유민주주의를 수호한 UN 참전용사의 희생과 공헌을 기념하고 추모하는 날 - 전투병력 파견 16개국: 미국, 영국, 캐나다, 호주, 터키, 필리핀, 태국, 네덜란드, 콜롬비아, 그리스, 뉴질랜드, 에티오피아, 벨기에, 프랑스, 남아연방, 룩셈부르크 - 의료지원 5개국: 노르웨이, 인도, 덴마크, 스웨덴, 이탈리아 - 물자 및 재정지원 39개국: 아르헨티나, 오스트리아, 미얀마, 캄보디아, 칠레, 코스타리카, 쿠바, 도미니카공화국 등	○
3	광고의 날	■ 1993년 11월 11일 지정 ■ 모든 광고 분야와 광고인을 하나로 연결한다는 의미	
4	빼빼로 데이	■ 1990년대 중반 시작 ■ 빼빼로처럼 빼빼하게 되길 바란다는 의미	
5	농업인의 날	■ 1997년 11월 11일 지정 ■ 농업의 중요성을 알리고 농업인의 긍지와 자부심을 높이기 위한 공식 기념일 ■ 十一월 十一일을 합치면 흙 토(土)가 되는 날	
6	지체장애인의 날	■ 2001년 11월 11일 지정 ■ 신체적 장애를 이겨 내고 직립을 바라는 의미	
7	젓가락의 날	■ 2005년 11월 11일 지정 ■ 두뇌 개발 및 치매 예방에 효과적인 젓가락질을 교육하자는 의미	
8	가래떡 데이	■ 2006년 11월 11일 지정 ■ 쌀소비 촉진을 위해 가래떡을 선물하는 날	
9	보행자의 날	■ 2010년 11월 11일 지정 ■ 걷기의 중요성을 확산하자는 의미	
10	서점의 날	■ 2016년 11월 11일 지정 ■ 서점과 책의 중요성을 알리자는 의미 ■ 十一월 十一일은 冊(책책)을 연상시키는 날	○

밀알반에서는 우리나라를 도와준 60개의 UN 참전국 중 각 학생이 한 나라씩 맡아 주제 탐구를 진행하고, 감사의 마음을 담아 1분간 묵념한다.

독서 명언 목록표를 살펴보고 번호 순서에 따라 나만의 독서 명언을 정하여 책갈피를 만든다. 그리고 도서관 활용 수업을 진행하여 소중한 책과 친해지는 계기를 마련한다.

독서 명언	1	좋은 책을 읽는다는 것은 지난 몇 세기에 걸쳐 가장 훌륭한 사람들과 대화하는 것과 같다. - 데카르트 -
	2	한 인간의 존재를 결정짓는 것은 그가 읽은 책과 그가 쓴 글이다. - 도스토옙스키 -
	3	독서는 일종의 탐험이어서 신대륙을 탐험하고 미개척지를 개척하는 것과 같다. - 듀이 -
	4	내가 알고 싶은 것은 모두 책에 있다. - 링컨 -
	5	나는 독서를 통해 경영에 필요한 인문학적 소양을 쌓는다. - 마크 저커버그 -
	6	한 시간 정도 독서를 하면 어떤 고통도 진정된다. - 몽테스키외 -
	7	책은 꿈꾸는 것을 가르쳐주는 진짜 선생이다. - 바슐라르 -
	8	독서는 정신적으로 충실한 사람을 만든다. 사색은 사려 깊은 사람을 만든다. 그리고 논술은 확실한 사람을 만든다. - 벤자민 프랭클린 -
	9	오늘의 나를 있게 한 것은 우리 마을 도서관이었고 하버드 졸업장보다 소중한 것이 독서하는 습관이다. - 빌 게이츠 -
	10	좋은 책은 좋은 친구와 같다. - 생 피에르 -
	11	고기는 씹을수록 맛이 나고 책은 읽을수록 맛이 난다. - 세종대왕 -
	12	남의 책을 많이 읽어라. 남이 고생하여 얻은 지식을 아주 쉽게 내 것으로 만들 수 있고 그것으로 자기 발전을 이룰 수 있다. - 소크라테스 -
	13	가장 도움이 되는 책이란 많이 생각하게 하는 책이다. - 시어도어 파커 -
	14	사람은 책을 만들고 책은 사람을 만든다. - 신용호 -
	15	책 읽는 민족은 번영하고 책 읽는 국민은 발전한다. - 안병욱 -
	16	하루라도 책을 읽지 않으면 입안에 가시가 돋는다. - 안중근 -
	17	책을 읽는다는 것은 자신의 미래를 만드는 것과 같다. - 에디슨 -
	18	같은 책을 읽는다는 것은 사람들 사이를 이어주는 끈이다 - 에머슨 -
	19	책은 한 권 한 권이 하나의 세계이다. - 윌리엄 워즈워스 -
	20	인생을 바꿀 수 있는 위대한 비밀은 바로 독서하는 습관이다 - 워렌 버핏 -
	21	독서야말로 인간이 해야 할 첫 번째 깨끗한 일이다. - 정약용 -
	22	돈으로만 치장한 집보다도 책이 가득한 서재를 소유하라. - 존 릴리 -
	23	약으로 병을 고치듯이 독서로 마음을 다스린다. - 카이사르 -
	24	책은 청년에게는 음식이 되고 노인에게는 오락이 된다. 부자일 때는 지식이 되고 고통스러울 때는 위안이 된다. - 키케로 -
	25	책처럼 충직한 친구는 없다. - 헤밍웨이 -
	26	한 시간 독서로 누그러지지 않는 걱정은 결코 없다. - 샤를 드 스공다 -
	27	독서할 때 당신은 항상 가장 좋은 친구와 함께 있다. - 시드니 스미스 -
	28	가난한 사람은 책으로 인해 부자가 되고 부자는 책으로 인해 존귀하게 된다. - 고문진보 -
	29	오늘 읽을 수 있는 책을 내일로 넘기지 말라. - H. 잭슨 -
	30	독서의 참다운 기쁨은 몇 번이고 다시 읽는 것이다. - 로렌스 -

도서관활용수업	1	서가에서 책 찾는 방법 안내	① 한국십진분류표 이해하기									
			000	100	200	300	400	500	600	700	800	900
			총류	철학	종교	사회과학	순수과학	기술과학	예술	언어	문학	역사
			② 서가에서 책 찾기									
			- 왼쪽에서 오른쪽으로!						- 위쪽에서 아래쪽으로!			
	2	조건에 맞는 책 찾기 활동	( ) 책을 찾아라!						- 5글자 제목의 책 - 교과서에 실린 책 - 나라 이름이 제목에 있는 책 - 자신의 장래희망과 관련 있는 책 - 좋아하는 과목과 관련 있는 책 - 친구에게 추천하고 싶은 책			
			책제목										
			지은이										
			청구번호										
			나에게 재미있는 책일까? ☆ ☆ ☆ ☆ ☆ ☆ ☆ ☆ ☆ ☆									

12월, 지구의 산타로 변신하다

12월이 시작되면 교실 트리를 꾸미고 산타 할아버지께 어떤 선물을 받고 싶은지 자유롭게 생각을 나눈다.

"이번 크리스마스에는 여러분이 산타가 되어보는 것이 어떨까요? 우리는 공부하면서 지구가 아프다는 것을 절실히 깨달았어요. 지구가 너무 힘들어하고 있어요. 지구의 산타가 되어 지구의 아픔을 덜어주는 크리스마스가 되었으면 좋겠어요. 2학기 아나바다 존중의 시장을 열고 수익금은 지구를 살리는 단체인 그린피스(Greenpeace)에 기부하면 어떨까요?"

먼저 아나바다 존중의 시장 관련 일시, 준비물, 집에서 할 일, 유의 사항을 적은 안내장을 배부하고 가정에서 자녀와 어떤 물품을 준비하여 팔 것인지 미리 이야기 나눠보도록 한다.

자신에게는 필요 없지만 친구들은 사용할 수 있는 물건 5가지 정도를 준비하되 깨끗이 닦거나 세척해서 가져오고, 장난감, 무기류 등의 비교육적인 물품은 금지된다는 것을 안내한다.

반 학생 수만큼 100원짜리 동전을 준비한다.

유의 사항	1	물건을 구매한 후 다시 되팔지 못한다.
	2	물건에 이상이 있는지 미리 가게 주인에게 문의하고 확인 후 구매한다.
	3	판매하고 싶으나 안 팔리는 경우 개수를 조정하여 팔 수 있다.
	4	팔지 못한 물건은 집에 다시 가져간다.
	5	먼저 온 사람에게 판매하되 동시에 사고 싶어 하는 경우가 생긴 경우 주인과 가위바위보를 해서 구매 순서를 정한다.
	6	다툼이 생긴 경우 해당 학생들의 판매 및 구매는 중단된다.
	7	구매한 물건은 집으로 돌아가 부모님과 함께 확인한다.

당일 1교시에는 자신의 책상에 가게 안내판을 부착하고 '영업 중' 혹은 '준비 중'을 표시하는 삼각 안내판을 세워 놓는다. 가져온 물건마다 가격표와 영수증을 써서 붙이도록 한다. 물건이 판매되면 물건과 영수증은 구매자에게 주고 가격표는 판매자가 모아서 정산 시 사용한다.

2교시에는 유의 사항을 살피고 활동에 참여하면서 자신이 산 물건명, 가격, 꼭 필요했는지 여부를 기록하도록 한다. 배운 점, 잘한 점, 아쉬운 점, 느낀 점 등 참여 소감을 나눈 후 수익금은 자발적으로 기부하게 한다.

| 12월 밀알반 교실 트리 | 2학기 아나바다 존중의 시장 |

12월, 축하받는 밀알반의 주인공들

1학기와 마찬가지로 2학기 달란트 시장을 운영하여 노력에 대해 작은 보상으로 격려하고, 1년을 함께 보낸 친구들에게 고마움, 미안함, 칭찬의 마음을 담아 2학기 롤링페이퍼 활동을 한다.

밀알 파송식이 있는 날은 정해진 장소에서 교사와 학생이 1:1 면담을 하고 밀알중 또는 밀알샘이 쓴 편지를 넣은 편지봉투를 건네며 응원과 위로의 말을 전한다. 교실에 남아 있는 학생들은 만남의 날에 선생님께 드리고 싶은 선물과 그 이유를 담아 편지를 쓴다.

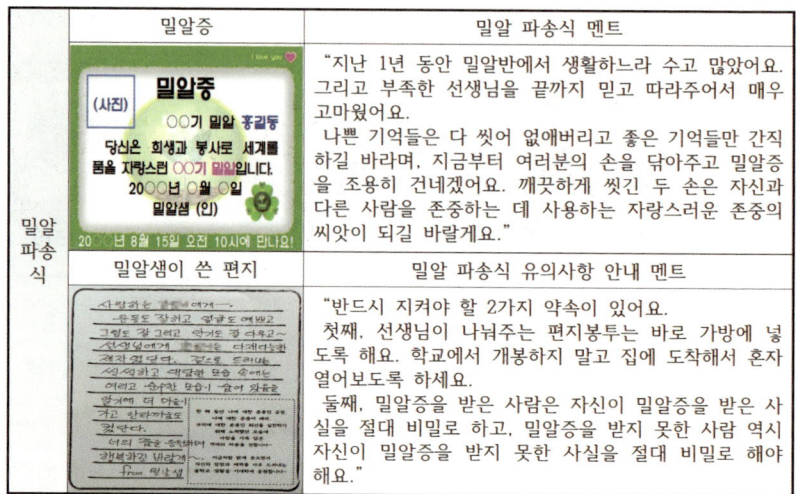

종업식날이 되면 2학기 첫날부터 보관하고 있었던 2학기 아자 편지를 나눠주고 격려의 말을 건넨다.

"지난 ○년간 성실하게 등교한 것만으로도 여러분들은 정말 대단한 일을 해낸 것입니다. 그것은 아무나 하는 것이 아닙니다. 여러분들은 충분히 축하받을 자격이 있는 주인공들입니다. 오늘은 어느 때보다 주인공답게 당당하고 행복한 하루가 되길 바랍니다."

3. 과정이 남긴 물음표와 마침표

학급활동 10년을 자축하다

학교 현장에서 만나는 선생님들은 능력자이시다. 음치인 학생들의 노래를 모아 조화로운 화음을 만들어내는 합창의 능력자, 몸치인 학생들의 율동감을 조절해 열정적인 무대를 만들어내는 무용의 능력자, 그림치인 학생들의 창의력을 자극해 다채로운 색감을 끌어내는 미술의 능력자 등 부러운 시선으로 바라보게 되는 선생님들이 세상에는 참 많다.

그런데 불행하게도 난 특기가 없는 교사다. 이런 나의 꿈은 감히 평교사로 정년퇴임을 하는 것이다. 남다른 특기가 있다는 것은 학생들의 마음을 붙잡을 수 있는 매력이 있다는 것인데 '나는 과연 무엇으로 무장을 해야 할까?'라는 질문을 스스로에게 던졌.

고민 끝에 얻게 된 답은 학급운영 잘하는 교사라는 나만의 브랜드를 만들어야

한다는 것이었다. 그리고 학급운영을 지탱해 온 두 축인 **학급활동과 수업활동은 각각 인성교육실천사례연구발표대회와 수업연구발표대회를 통해 지난 10년의 운영 성과를 평가받고자** 했다.

항상 한 해가 시작되는 3월이 되면 하얀 도화지에 그림을 그리는 마음으로 학생들을 대한다. 그런데 인성교육실천사례연구발표대회에 참가하겠다는 결심을 하니 10년 동안 알록달록하게 색칠하던 방법을 간추려서 계획성 있게 학급운영하는 것이 필요하다는 생각이 들었다.

2월 봄방학! 작년 1학년을 담임하면서 더불어 사는 삶의 가치를 깨우쳐 준다고 노심초사 동동댔지만 인성교육이 단기간의 노력으로 이루어지는 것이 아님을 새삼 깨닫게 되었다.

『내 삶을 바꾼 칭찬 한마디』라는 책을 읽으며 선생님과 친구들이 나를 인정해 주고 이해해 주었을 때 학교생활이 무척 즐겁고 신이 났으며 선생님께 잘 보이려고 온갖 노력을 했던 기억이 떠올랐다.

나 자신은 학창 시절 선생님들의 마르지 않는 존중의 샘에서 칭찬의 물을 마시며 내 삶을 윤택하게 살찌운 데 반해 정작 내가 가르치는 학생들에게는 그러지 못했다. 잘한 일에 초점 맞추기보다는 잘못한 일을 찾아 지적하고 벌주는 일이 교사의 중요한 임무로 생각했다.

성장의 원동력이 되고 상처받은 마음의 치유제가 되며 인간관계를 원만하게 하는 윤활유인 칭찬을 통해 학생들의 올바른 행동을 강화하는 한 해가 되고 싶었다. 이를 위해서는 무엇인가 지속적이고 일관된 칭찬프로그램이 있어야겠다는 결론에 이르렀다.

다음은 인성교육실천사례연구발표대회에 참여한 과정이다. 가장 먼저 할 일은 인성교육실천사례연구발표대회 운영 계획서를 살펴보는 것이다.

		시도대회(예선) (4월~10월)	전국대회(본선) (11월)
추진 일정 (2025)		◉ 연구계획서 제출 - 4. 29.(화) 17:00까지 ◉ 연구보고서 제출 - 9. 22.(월) 17:00까지 ◉ 심사 결과 발표 - 10. 21.(화) 예정 ◉ 서류심사 및 현장실사 ◉ 교원 1등급 전국대회에 출품	◉ 연구보고서 제출 - 10. 29.(수) ~ 10. 31.(금) ◉ 심사 결과 발표 및 시상식 개최 - 12월 예정 ◉ 우수 입상자 국외 선진사례 연수 - 26년 1월 중 ◉ 입상작 에듀넷 탑재 - 26년 1월 중
연구 보고서 제출 (2025)	제출 방식	1) 시도대회 - 연구보고서 5부(비전자), 연구보고서 1부(전자), PDF 파일 5MB 이내, 파일명: 학교급-학교명-이름-2025인성보고서.pdf 2) 전국대회 - 우편 제출: 연구보고서(PDF 파일 USB에 저장) - 파일명: 2025_교원_시·도_성명.pdf	
	분량	- 겉표지(1쪽), 요약서(1쪽~2쪽), 목차(1쪽), 보고서(20쪽 이내, 부록 5쪽 이하 포함 가능) - 겉표지, 요약서(1쪽~2쪽), 목차는 분량에 미포함	
	규격	- A4, 줄 간격 160%, 본문 글자 크기 10pt 이상(표 9pt 이상) - 용지 여백: 위쪽·아래쪽 15mm, 왼쪽·오른쪽 20mm, 머리말·꼬리말 10mm - 글자 폰트: 코펍체(KoPub서체) 권장(저작권에 문제없는 폰트)	
	제본	- 좌철(스프링 제본 금지), 표지(무코팅), 내지(흰색) - 순서: 겉표지→요약서→목차→보고서→부록	
	유의 사항	- 표지·요약서·내용·부록 등에 작성자, 성명, 학교명 등 개인신상에 관한 정보는 블라인드 처리 - 본인의 저작물이 아닌 사진, 이미지, 삽화, 폰트, 동영상, BGM 등은 반드시 원작자의 이용 동의서와 사용 범위 확인 필요	

심사영역		심사내용	배점
보고서 심사 기준	실제적 기여도 (현장교육 활용)	- 연구결과의 활용 가능성(혹은 일반화 가능성)이 높은가? - 연구결과가 학교에서의 인성교육 활성화에 기여하는가?	15
	연구주제의 적절성	- 연구주제가 인성교육의 목표나 취지에 부합하는가? - 연구주제가 교육적인 가치를 충분히 담고 있는가?	15
	연구내용의 참신성	- 연구내용이 기존의 실천사례와 분명한 차별성을 갖는가? - 연구내용이 학교 현장의 실제성과 특수성을 반영하여 독창적인 내용을 충분히 다루고 있는가?	15
	연구방법의 적절성	- 연구내용에 맞는 연구방법을 적절히 사용하였는가? - 자료 수집, 분석 방법, 결과 해석 등이 적절하게 이루어졌는가?	15
	연구결과의 명료성	- 연구결과를 체계적으로 제시하여 가독성이 높은가? - 연구결과의 주요 논지가 일관성이 있고 명료한가?	15
	연구주제와 활동의 연계성	- 연구주제와 활동이 일관성 있게 이루어지고 있는가?	10
	실천역량	- 연구주제 해결을 위해 학교 현장 활동을 충실하게 실천하고 있는가? - 다양한 교수학습 자료를 활용하거나 참여자와 상호작용하여 실천 효과를 제고하고 있는가?	15
	연구윤리 준수(본선)	- 연구물이 표절, 자기표절, 저작권 위배, 대작 등 연구윤리 문제에 해당하는가?	심사제외
		총점	100

　겨울방학 동안 에듀넷 티클리어(www.edunet.net)의 연구대회 입상작을 살펴보고 교사의 학급운영 과정을 잘 표현할 수 있는 형식을 갖추었거나 학급운영을 피드백하는 데 도움이 되는 내용이 담긴 우수작품 3개를 선정한다. 3번 이상 정독한 후 자신만의 보고서 전체 흐름인 학급운영 방향, 표지 제목, 주요 제목, 주요 활동을 작성한다.

　아래의 내용은 필자가 초등학교 2학년을 대상으로 실천한 2007년 전국 인성교육실천사례연구발표대회 보고서(전국 1등급 수상)를 참고한 사례이다.

학급 운영 방향	올해는 인성교육의 핵심 방향을 칭찬의 꾸준한 실천에 두고, 칭찬으로 학생들을 바르게 이끌 칭찬 3단계 활동을 차근차근해 나가면서, 28그루의 행복나무를 옹골지게 가꾸는 인성 계획을 세우고자 한다. - 학생들이 공부 1등보다는 나도 할 수 있다는 자신감을 지녀 세상을 삐뚤어진 눈으로 보지 않도록 고운 꿈을 심어준다. - 나보다는 전체를 생각할 줄 아는 더불어 생활할 수 있는 동그란 마음을 키워준다. - 자기 스스로 바른 행동을 실천하여 사회에 기여할 수 있는 행복나무로 자라는 데 도움을 준다.			
표지 제목	축복의 밀알들이 요만큼 칭찬거름으로 이만큼 옹골진 행복나무 이야기			
주요 제목	Ⅰ. 축복의 밀알들이 만들어갈 미래를 그려보았어요! Ⅱ. 축복의 밀알들이 쑥쑥 커갈 텃밭을 살펴보았어요! Ⅲ. 이런 계획으로 옹골진 행복나무를 가꿀 거예요. Ⅳ. 칭찬거름으로 튼튼하게 뿌리를 내린 발자취예요. Ⅴ. 이만큼 옹골진 행복나무가 되었어요. Ⅵ. 행복나무를 바라보며 이런 다짐을 했어요.			
주요 활동	단계	활동명	활동내용	활동시기
	칭찬 덩이 거름	자부심을 다져주는 덩이 거름	명품밀알	매주
			12기 칭찬데이와 으뜸밀알	매월 12일
		스스로 바로 서게 하는 덩이 거름	칭찬통장과 칭찬쿠폰	매주
			칭찬재판과 칭찬주머니	매월 1회
		생각하는 지혜를 키우는 덩이 거름	독서통장과 독서릴레이	수시, 매주
			꿈꾸는 계단	수시
		맑고 깊은 마음을 살찌우는 덩이 거름	버릇 고치기 카드	수시
			넘버원 일기	수시
	칭찬 물 거름	사랑을 샘솟게 하는 물 거름	사랑의 인사와 예의 바른 4가지 말	매주, 수시
			사랑의 쪽지함과 사과의 시간	격주
		우정을 흐르게 하는 물 거름	한마음 알곡	수시
			한마음 칭찬세례	매월 1회
		기쁨을 고이게 하는 물 거름	사랑의 대화방	매주
			주말 비타민 편지	격주
	칭찬 재 거름	교실에 스며드는 재 거름	소원열매와 칭찬저금통	수시
			달란트 시장과 열매 자랑 잔치	7월, 12월
		가족과 하나되는 재 거름	가족 칭찬데이	매월 8일
			바꿈의 날	4월, 11일
		모두를 포근히 안아주는 재 거름	친구 나무와 학교 사랑	4월, 10일
			무궁화 동산과 나라 사랑	6월, 11월

필자가 대회 참여 당시에는 예선대회 보고서는 11월 말, 전국대회 보고서는 다음 해 1월 초에 제출했기 때문에 11월과 12월에 이루어진 학급운영 내용을 보고서에 넣을 수 있었다. 그러나 요즘은 시기가 앞당겨졌기 때문에 이점을 고려해서 활동 내용 등을 선정해야 한다.

전체 흐름이 완성되면 학급운영의 활동 과정을 담을 수 있는 보고서의 틀을 구상한다. 그리고 자신이 선정한 우수작품 3개를 바탕으로 하여 자신만의 아이디어를 생각나는 대로 적어서 빈칸을 채워본다. 3월이 시작되면 학급에 적용하고 수정 및 보완하여 보고서와 요약서를 완성한다.

활동내용(일부)	활동4 맑고 깊은 마음을 살찌우는 덩이 거름	
	활동 내용 4-1	버릇 고치기 카드로 나쁜 버릇을 깨끗이 고쳐요!
	씨앗심기	습관은 나무껍질에 새겨놓은 문자 같아서 그 나무가 자람에 따라 확대되는 것으로 사람으로 하여금 어떤 일이든지 하게 만드는 굉장한 힘을 지닌 것이다. 하지만 한번 익숙해진 습관을 고치는 〈중략〉
	거름주기	① 매월 그달에 꼭 고치고 싶은 **자신의 버릇을 부모님과 의논하여 버릇 고치기 카드에 적게** 하였고 만일 고칠 나쁜 버릇이 없는 경우에는 꿈을 이루기 위해 더욱 힘쓸 점을 1가지 정하게 하였다. ② 버릇 고치기 카드의 앞장에 자신의 사진을 붙이고 종이를 접거나 그림을 그려 꾸미게 하여 좀 더 적극적인 애정을 갖게 하였다. ③ 매일 일과가 끝난 후 집에 돌아가기 전에 하루를 돌아보는 시간을 마련하여 버릇을 고치기 위한 나만의 약속을 잘 지켰는지 스스로 버릇 고치기 카드에 ○, ×로 표시하였다.
	열매맺기	

추수하기	① 하교하기 전 자신의 나쁜 버릇을 고치기 위한 나만의 약속을 잘 지켰는지 스스로 확인하고 반성하게 되기 때문에 잘 지키려고 노력하는 모습이 천사처럼 보였다. ② 하루를 돌아보는 시간을 가짐으로써 계획하고 반성하는 생활습관을 들이고 하루하루 자신의 생활에 대해서 자신을 갖게 되어 훨씬 활기찬 생활모습이 되었다.
돌아보기	친구와 사이좋게 지냈어요, 동생과 싸우지 않았어요, 준비물을 스스로 챙겼어요, 손톱을 깨물지 않았어요. 등 학생들이 스스로 정한 약속이기에 더 애쓰며 지키려 했다. 그 모습을 지켜보게 된 부모님들께서도 가정에서 반복되던 잔소리가 많이 줄어들고 대신 칭찬거리가 많아졌다고 하시며 기뻐하셨다. 그런 모습을 접하니 교사로서 뿌듯하고 흐뭇했다.

축복의 밀알들이 요만큼 **칭찬거름**으로 이만큼 웅골진 **행복나무** 이야기

지시와 훈계를 통해서는 변화되지 않는 아이들의 특성을 고려하여 서로의 장점을 발견하는 과정을 거친다. 이렇게 발견한 장점을 친구에게 표현하여 보다 폭넓은 교우 관계가 형성되도록 하며 고운 심성을 갖도록 하는 것이 칭찬의 가장 큰 역할이다.

따라서 올해는 칭찬으로 아이들을 바르게 이끌어갈 칭찬 3단계 활동을 차근차근해 나가면서 28그루의 행복나무를 웅골지게 가꾸는 학급운영을 하고 싶었다.

1단계- 칭찬 덩이 거름을 주어 축복을 받기 위해 태어난 소중한 나를 발견하게 하고
2단계- 칭찬 물 거름으로 따스한 배려의 울타리를 만들어 사랑스러운 너를 바라보게 하며
3단계- 칭찬 재 거름을 뿌려 너와 내가 하나 되어 행복한 우리를 완성하고자 하였다.

요약서 (일부)

칭찬 1단계	긍정적인 자아존중감 증진
칭찬 덩이 거름	축복을 받기 위해 태어난 소중한 나!
자부심을 다져주는 덩이 거름 ➡	♣ 내가 바로 세상에 하나뿐인 **명품밀알**이에요! ♣ 12기 칭찬데이에는 모두가 **으뜸밀알**이에요!
스스로 바로 서게 하는 덩이 거름 ➡	♣ 칭찬통장 속에는 깜짝 **칭찬쿠폰**이 들어 있어요! ♣ 칭찬재판으로 용기를 얻어 **칭찬주머니**를 채워요!
생각하는 지혜를 키우는 덩이 거름 ➡	♣ 독서통장에는 **독서릴레이**의 발자취가 담겨 있어요! ♣ 꿈꾸는 계단을 오르면 오를수록 보람도 커져요!

| 맑고 깊은 마음을 살찌우는 덩이 거름 | ♣ 버릇 고치기 카드로 나쁜 버릇을 깨끗이 고쳐요! |
| | ♣ 넘버원 일기를 쓰며 최고로 멋진 나를 만나요! |

1단계- **칭찬 덩이 거름**을 통해 자아를 발견하고 긍정적인 자아개념을 형성하여 자신을 사랑하고 가꾸는 마음가짐과 태도를 지니게 되었다.
2단계- **칭찬 물 거름**을 통해 자기중심적 사고에서 탈피하여 서로를 배려하는 마음을 갖게 되었다.
3단계- **칭찬 재 거름**을 통해 교실을 사랑하고 가족을 소중하게 여기며 학교를 자랑스러워하는 태도와 더불어 나라 사랑의 마음이 함양되었다.

초1, 최고의 강적을 논문으로 마주하다

인성교육을 연구하며 가장 힘든 부분이 이론을 완전하게 갖추지 못한 채 사례를 중심으로 구슬만 겨우 꿰고 있다는 생각이 들 때였다. 누군가 나의 인성교육 보고서를 보고 활동의 논리적 근거를 대라고 한다면 과연 무엇이라고 대답할 수 있을 것인가라는 두려움이 밀려오곤 했다.

고민 끝에 교육대학원 야간제에 입학하여 매주 화요일과 목요일마다 하고 싶은 공부를 하니 비록 몸은 피곤했지만, 마음만은 배우고자 하는 열정으로 가득했다.

인성이란 사람의 성품이나 각 개인이 가지는 사고와 태도 및 행동 특성이다. 이러한 인성은 안정적이고 변화되지 않는 측면과 유동적이고 변화하는 측면을 둘 다 가지고 있는데 그중 유동적이고 변화하는 측면은 교육을 통해 보완하고 발전시킬 수 있다는 것을 알게 되었다.

그리고 무척 오랜만에 학생의 입장이 되어보니 질문에 대답하고 주어진 과제를 해결하는 학생들의 고충을 조금이나마 이해하게 되었다.

어느덧 4학기가 지나고 논문을 쓸 때가 되었다. 논문 주제를 정하는 것에서부터 막히기 시작했다. 인성교육 전문가가 되기 위해 즐거운 마음으로 대학원 공부를 했지만, 어떤 주제로 논문을 써야 할지 감이 잡히지 않았.

지도 교수님께서도 이런 마음을 아셨는지 "선생님, 논문을 완벽하게 써야겠다는 마음부터 버리세요. 선생님은 현장에서 학생들을 가르치고 있으니 여유를 갖고 학생들과의 생활 속에서 주제를 찾아보세요."라는 조언과 격려를 해주셨다.

새로 옮긴 학교에서 맡은 1학년은 만만치 않았다. 나름 학급운영에 대한 자신감도 있었고 철저하게 준비하여 맞이한 학생들이었다.
교사가 노력하는 정도에 따라 결실을 그대로 보여주는 맛이 있어야 하는데 1학년은 전혀 계획대로 되지 않았다. 교육이 아닌 보육을 하느라 몸과 마음이 방전되는 느낌을 받았다.

'어떻게 하면 1학년 교실에서도 교육을 통한 보람과 만족감을 얻을 수 있을까?'라는 질문을 통해 얻은 답은 기본생활습관 형성이었다.

기본생활습관은 개인이 한 인간으로서 삶을 살아가는 데 있어서 부딪힐 수 있는 다양한 환경에 대하여 기본적으로 지니고 있어야 할 행동 양식이다. 흔히 '세 살 버릇 여든 간다.'라는 속담처럼 어린 시절의 기본생활습관은 성인기 생활습관의 원형적인 기초가 된다.

다시는 1학년 담임은 하지 않으리라는 굳은 결심을 깨고 교감 선생님께 대학원 논문을 쓰기 위해 한 번 더 1학년을 맡겠다는 마음을 전했다.

RISS(학술연구서비스)를 활용하여 기본생활습관 관련 학위논문을 살펴보고 그중 쓰고자 하는 논문의 방향에 가장 적합한 논문 5개를 선정하여 정독한다. 그리고 각 논문의 참고문헌을 살펴보며 5권의 도서를 정하여 읽은 후 전체 흐름인 연구 방향, 논문 제목, 주요 제목, 주요 활동을 담은 목차를 작성한다.

아래의 내용은 필자의 2011년 2월 교육학 석사학위 논문을 참고한 사례이다.

연구 방향	- 2007 개정 교육과정에 따른 초등학교 1학년 바른생활과를 분석하여 학생들 수준에 맞는 기본생활습관 실천 덕목을 선정한다. - 학생들의 관심과 흥미를 끌 수 있는 기본생활습관 형성에 대한 지도 방안을 구안하여 학교생활 전반에 걸쳐 반복적으로 지도한다. - 가정과 연계한 체계적이고 지속적인 기본생활습관 형성 지도를 통해 바른 인성을 함양한다.
논문 제목	초등학교 1학년 아동의 기본생활습관 형성 방안 연구 - 2007 개정 교육과정 바른생활과를 중심으로 -

주요 제목	Ⅰ. 서론
	  1. 연구의 필요성과 목적
	  2. 연구의 범위 및 제한점
	  3. 선행 연구 분석
	Ⅱ. 이론적 배경
	  1. 초등학교 1학년 아동 발달의 이해
	  2. 기본생활습관 형성의 의미와 중요성

3. 기본생활습관 형성을 위한 실천 덕목
　　4. 기본생활습관 형성을 위한 바른생활과의 개정 방향
　　5. 기본생활습관 형성을 위한 가정과 연계 지도의 방향

Ⅲ. 연구 실행

　1. 연구의 내용 및 절차
　　가. 연구의 내용
　　나. 연구의 절차
　2. 바른생활과를 통한 기본생활습관 형성 방안
　　가. 바른생활과 시간과 기본생활습관 교육
　　나. 특별활동 시간과 기본생활습관 교육
　3. 학급생활을 통한 기본생활습관 형성 방안
　　가. 덕목별 실천 프로그램과 기본생활습관 교육
　　나. 행동 강화 프로그램과 기본생활습관 교육
　4. 가정 연계를 통한 기본생활습관 형성 방안
　　가. 가정 통신문과 기본생활습관 교육
　　나. 학부모 상담과 기본생활습관 교육
　　다. 가정의 달 축제와 기본생활습관 교육

Ⅳ. 연구 결과

　1. 바른생활과를 통한 기본생활습관 형성 방안 결과 분석
　2. 학급생활을 통한 기본생활습관 형성 방안 결과 분석
　3. 가정 연계를 통한 기본생활습관 형성 방안 결과 분석

Ⅴ. 결론

참고문헌

　3월 2일부터 7월 31일까지 문헌 연구와 실천 연구를 했다. 기본생활습관에 관한 이론적 배경을 살피고 2007 개정 교육과정에 따른 바른생활과의 목표 및 내용 등을 분석했다. 그리고 기본생활습관 관련 준법, 자주, 예절, 배려의 실천 덕목을 선정하여 놀이와 활동 중심의 교수·학습 모형을 구안하고 바른생활과 수업에 직접 투입했다.

　또한, 학급생활 전반에 걸쳐 실천 및 강화 프로그램을 적용한 후 학교에서 익힌 덕목들이 꾸준히 지도되어 습관화될 수 있도록 가정과 연계 방법을 연구했다.

	Ⅲ - 2. 바른생활과를 통한 기본생활습관 형성 방안	
주요 활동	가. 바른생활과 시간	나. 특별활동 시간
	(1) 물레방아 대화 나눔 놀이와 활동 　1단계) 이야기보따리 펼치기 　2단계) 물레방아 대화 나누기 　3단계) 도전 으뜸상 만들기	● 매월 3주 토요일 적응활동 시간에 바른생활과 수업과 상호 보완적인 좋은 버릇 대잔치 운영하기
	(2) 이야기 나눔 놀이와 활동 　1단계) 머리띠 주인공 만나기 　2단계) 이야기 표현하기 　3단계) 다짐열매 또는 다짐책 완성하기	(1단계) 친구 생일을 축하하며 마음 나누기 　　　　(학급 생일잔치) (2단계) 덕목 관련 모둠 노래 발표하기
	(3) 칭찬 나눔 놀이와 활동 　1단계) 칭찬소리 선물하기 　2단계) 도전 으뜸상 수여하기 　3단계) 자랑스러운 나에게 엽서 쓰기	(3단계) 좋은 버릇 잡기 퀴즈대회 참여하기 　　　　(골든벨 형식)
	Ⅲ - 3. 학급활동을 통한 기본생활습관 형성 방안	
	가. 덕목별 실천 프로그램	나. 행동 강화 프로그램
	(1) 준법 실천 프로그램 　1) 아침 20분 독서시간 운영 　2) 좋은 버릇 통장 작성 　3) 학급 칭찬데이 운영	(1) 개별보상을 통한 강화 프로그램 　1) 칭찬표로 채워지는 바름통장 활용 　2) 함께 행복한 바름쿠폰 적용
	(2) 자주 실천 프로그램 　1) 아침 20분 독서시간 운영 　2) 좋은 버릇 통장 작성 　3) 모둠 구성 및 모둠 역할 분담	(2) 모둠보상을 통한 강화 프로그램 　1) 하나 되는 마음으로 채워지는 모둠알곡 활용 　2) 모둠 대화의 시간 운영
	(3) 예절 실천 프로그램 　1) 아침 20분 독서시간 운영 　2) 좋은 버릇 통장 작성 　3) 효짱데이 운영	(3) 전체보상을 통한 강화 프로그램 　1) 소원저금통을 열게 하는 소원열매 활용 　- 1단계 소원 과자뷔페 진행하기 　- 2단계 소원 컴실 자유시간 진행하기
	(4) 배려 실천 프로그램 　1) 아침 20분 독서시간 운영 　2) 좋은 버릇 통장 작성 　3) 친구와 함께 완성해 가는 우정 공책	- 3단계 소원 요리천국 진행하기 　- 4단계 소원 미니 올림픽 진행하기 　- 5단계 소원 싱글벙글 하루 진행하기 　2) 열매 자랑 시장 개최
	Ⅲ - 4. 가정 연계를 통한 기본생활습관 형성 방안	
	가. 가정 통신문	(1) 가정 통신문 3박자 어울림 통신 발송 　※ 바른생활과 교육과정과 연계하여 매 단원 1차시 수업 후 가정으로 배부
	나. 학부모 상담	(1) 학부모 대상 3박자 어울림 모임 운영 (2) 학급 누리집 함께하고 싶은 이야기 코너 운영
	다. 가정의 달 축제	(1) 가훈 전시하기 (2) 효도책자 만들기

여름방학 내내 1학기 동안 실시한 문헌 연구와 실천 연구의 결과를 정리하며 10월 말에 있을 논문 중간발표를 준비했다.

대학원 선배들의 논문 중간발표를 참관한 적이 있었다. 학과의 모든 교수님이 참석하여 발표자의 논문에 대해 날카로운 질의를 하고 그 질문은 꼬리에 꼬리를 물어 마치 압박 면접을 하는 듯한 인상을 받았다.

가장 많은 질의 내용은 무슨 말이 하고 싶은 것인지 확인하는 논지의 명료성, 주장하거나 사실에 대해 이야기할 때 반드시 제시해야 하는 논거의 확실성, 학위논문 작성 지침에 따라 정확하게 작성하는 논문의 형식성, 기존 논문과의 차이가 무엇인지 파악하는 논문의 쓸모성 등이었다.

불안한 마음을 내려놓고 '더 많이 혼나면서 더 많이 배운다.'를 주문처럼 외우며 10월 말 논문 중간발표에 참여했고 1차 심사 때까지 보완해서 제출해야 할 과제를 받았다.

- 기본생활습관에 대한 이론적 배경과 2007 개정 교육과정 바른생활과를 논함에 있어 한 분의 책을 너무 길게 인용하는 문제와 교사용 지도서를 그대로 인용하는 문제가 있으므로, 다양한 참고문헌을 탐색 및 고찰하여 학술논문에 맞게 균형을 맞춰 체계적으로 재정리하였으면 함.
- 연구 결과를 한눈에 파악할 수 있게 그래프를 사용하여 정리하였으면 함.
- 중립성이 요구되는 논문에서 특정 종교를 떠오르게 하는 단어가 사용되

지 않도록 심사숙고하였으면 함.
- 초등학교 교육과정에서 학생들의 도덕성 발달 수준을 저학년은 도덕적 생활습관의 형성, 중학년은 기본 덕목의 내면화, 고학년은 기본적인 도덕적 판단 능력의 형성을 제시하고 있는데 이와 관련하여 습관화에 대한 이론적 배경 부분을 추가하고 행동 강화 프로그램 적용의 정당성을 제시하였으면 함.

논문 중간발표를 통해 제시된 과제를 약 한 달 동안 수정 및 보완하여 11월 말 논문 1심에 참여했다.

세 분의 심사위원으로 구성된 논문 1심에서는 심사본으로 제출된 논문을 처음부터 끝까지 꼼꼼하게 점검을 받았다.

- ① 논문 6쪽~15쪽에 걸친 이론적 배경 부분에서 인용구의 출처를 정확히 밝히고, ② 연구 실행 부분에 기재된 지도안은 부록으로 구성한 후 지도안의 수업 후기는 연구 결과에서 자세히 언급하도록 하며, ③ 결과 부분에는 이론적 배경과 선행 연구 분석 결과 및 실행 결과 등이 함께 녹아든 진술을 하고, ④ 참고문헌은 가나다순으로 기재하는 등 학술논문의 일반적 형식에 맞게 재정리하였으면 함.
- 3쪽이나 되는 국문 초록을 2쪽 이내로 간단하게 정리하였으면 함.
- ① 연구의 실행 부분에서 논문 24쪽~30쪽에 걸친 '가. 2007 개정 교육과정 바른생활과의 기본 방향에 대한 내용을 이론적 배경으로 옮겨 정리

하고, ② 이론적 배경에서 도덕성 발달의 특성은 표로 요약 및 정리하며, ③ 논문 10쪽에서 나눠진 문단이 많아 읽기에 어려움이 있으므로 5줄 정도를 기준으로 문단을 나누도록 하고, ④ 논문 19쪽~20쪽의 1) 가정과 연계 지도를 위한 교사와 부모의 역할, 2) 가정과 연계한 토큰 강화 기법 항은 '가정과 연계'라는 단어가 반복 사용되어 삭제하였으면 함.

논문 1심을 통해 제시된 과제를 다시 약 한 달 동안 수정 및 보완하여 12월 말 논문 2심에 참여했다.

- ① Ⅲ. 연구 설계와 Ⅳ. 연구 실행을 하나의 장으로 연결하여 다른 장과의 형평성 및 조화를 이루도록 정리하고, ② Ⅴ. 연구의 결과에서 수업 후기를 나열하는 것으로 끝내지 말고 각 수업 후기에 대한 간단한 분석을 진술하도록 하며 특별활동 시간을 통한 기본생활습관 교육 결과에서도 일기문 및 그에 대한 분석 부분을 더 보완하고, ③ 참고문헌 재정리 및 영문 초록 첨부가 요구됨.
- ① 국문 초록의 행간을 붙여서 정리하고, ② Ⅴ. 연구의 결과에 표와 그림의 연계성에 대한 진술이 들어가도록 하며 표와 그림의 제목에 반복 사용되는 '덕목'이라는 단어를 삭제하도록 함.
- ① 지도받은 사항에 따라 꼼꼼하게 수정 및 보완하고, ② 영문초록을 포함한 학술논문에 틀에 맞게 정리하여 논문을 완성하도록 함.

그 후 출구를 찾아 헤매다 보면 학위논문 원문 제출 안내를 받게 되고 학위논문 연구윤리 준수확인서에 서명하고 있는 자신을 발견하게 된다.

활동 내용 (일부)

3) 예절 실천 프로그램
가) 아침 20분 독서시간 운영
<중략>
나) 좋은 버릇 통장 작성
알고도 쑥스러워 실천하지 못하는 아동들이 몸소 실천하는 과정을 좋은 버릇 통장의 덕목 실천 점검표에 매일 기록하여 잘 지켰나 점검하도록 한다.

<표 Ⅳ-15> 예절 관련 실천 점검표

실천 덕목	예절	( )주 ( )월 ( )일~( )월 ( )일	잘함○ 보통△ 못함×						
순	좋은 버릇 내용		월	화	수	목	금	토	일
1	나는 바른 자세로 서서 발표합니다.								
2	나는 바른 자세로 앉아서 책을 읽습니다.								
3	나는 바른 자세로 앉아서 글씨를 씁니다.								
4	나는 복도에서 사뿐사뿐 바르게 걷습니다.								
5	나는 계단에서 천천히 바르게 걷습니다.								

다) 효짱데이 운영
토요휴업일 동안 부모님의 고마움을 잘 모르는 아동들에게 효도하는 마음을 갖게 하고 감사의 표현으로 바른 예절을 실천하게 한다.
(1) 효짱 인사하기
부모님 앞에서 학급 홈페이지에 탑재된 플래시 노래를 부른 후 부모님께 뽀뽀하고 사랑한다는 말을 건넨다.
(2) 효짱 일기쓰기
학기 초에 배부한 효짱 카드를 참고로 하여 부모님의 하시는 일을 도와드린 후 소감을 일기장에 글과 그림으로 표현한다.

<표 Ⅳ-16> 효짱 카드

순	효짱 카드 내용
1	설거지를 마치신 부모님의 손에 로션을 발라 드려요.
2	부모님의 어깨를 5분 이상 주물러 드려요.
3	부모님께 학교에서 있었던 일을 재미있게 이야기해 드려요.
4	학교에서 배운 노래와 춤을 부모님 앞에서 자랑해요.
5	식사 시간에 식탁을 닦고 가족들의 수저를 놓아요.
6	부모님께서 부탁하시는 모든 심부름을 기쁜 마음으로 해요.
7	자기 빨래를 단정하게 개어 옷장에 정리해요.
8	반찬 투정을 하지 않고 부모님이 해주신 음식을 골고루 먹어요.
9	부모님의 발을 깨끗하게 닦아 드려요.
10	학습 준비물 및 책가방 정리를 혼자서 해요.

학교폭력의 해법, 진로 찾아 삼만리

2011년 12월 20일. 친구들의 집단 괴롭힘으로 인해 죽음을 선택한 중학생 사건이 언론을 통해 알려지면서 학교폭력에 대한 사회적 관심과 논의가 활발하게 이루어지게 되었다.

그해 생활부장을 하면서 초등학교 고학년에서부터 기미가 보이는 다양한 학교폭력 유형의 실태를 직시하고 있었다. 다음 해 학교를 옮기게 되면서 고학년을 담임하게 되자 학교폭력 문제가 피부에 와닿게 되었다.

늘 동분서주하여 자녀들 곁에 머물지 못해 존재감을 잃어버린 부모님, 형제가 있더라도 몇 안 되고 그마저도 서로 다른 계획에 따라 움직여 외로움에 노출되는 학생들, 출산율 저하로 한 자녀 가정이 늘어나면서 학원을 전전긍긍하다가 집으로 가면 아무도 없거나 대화가 부족하고 가족끼리 자주 어울릴 만한 시간을 만들지 못하여 우울감에 허덕이는 학생들….

학교와 가정에서 학생들 자신이 소중한 존재임을 인식하게 하는 것이 학교폭력의 가장 즉각적이고 효과적인 대책이 될 거라는 생각이 들었다.

특히 고학년 학생들에게 제대로 된 진로프로그램 적용으로 자신의 적성과 흥미 및 잠재력을 발견하고 다양한 직업을 탐색하여 자신의 꿈을 구체화할 수 있도록 한다면 '학교폭력을 하고 싶어도, 나의 소중한 꿈 때문에 참는다.'라는 의식이 형성될 것이다.

2006년 제1회 대회를 시작으로 약 15년간 시도대회 예선을 거쳐 전국대회까지 열리던 진로교육실천사례연구발표대회는 2020년 대회를 마지막으로 역사 속으로 사라지게 되었다. 다만, 시도교육청 주관으로 대회가 진행되는 곳도 있다.

연구대회가 폐지되었다는 것이 진로교육의 당위성과 중요성이 떨어졌다는 의미는 결코 아닐 것이다. 하지만 **교사들이 진로교육을 주제로 1년간 집중할 수 있는 외재적 동기부여가 사라진 것에 대해서는 아쉬움과 미련**이 남는다.

진로교육 성취목표에 기초한 개인별 맞춤형 진로설계를 위해 학교별 특성에 맞는 교수·학습 방법 및 교육자료 개발, 학교 교육과정의 효과적 운영 등에 대한 연구 촉진을 목적으로 하는 진로교육실천사례연구발표대회는 개인 분과와 학교교육과정 운영 분과로 운영되었다. 그중 개인 분과의 내용과 관련된 사항이다.

연구 주제 (2020)	진로교육 관련 수업, 체험활동 등 적용 사례에 대한 지속적인 관찰·기록·관리 및 긍정적인 변화 확인 ■ 진로교육 집중학년·학기제 관련 실천사례 ■ 학교진로교육 프로그램(교과연계형, 창체연계형 등) 활용 사례 ■ 지역협력체계를 활용한 진로체험 등 프로그램 운영 사례 ■ 유형별 맞춤 진로교육 운영 사례(학교급, 장애 유형, 지역 등) ■ 진로상담제 운영 사례(특수교육 대상 학생·학부모 진로상담 프로그램 운영 사례 포함) ■ 기업가 정신 교육프로그램(기업가 체험, 비즈쿨), 창업, 창직 등 진로동아리 활동 사례 ■ 진로전환기(초6, 중3, 고3) 관련 운영 사례

추진 일정 (2020)		1) 시대회 연구계획서 제출: 2020. 4. 17.(금) 18:00 ※ 창의적으로 자유롭게 5쪽 이내 작성 2) 시대회 보고서 제출: 2020. 10. 6.(화) 18:00 3) 시대회 연구보고서 심사: 2020. 10. 13.(화) 예정 ※ 시대회 1등급~3등급 입상작은 전국대회 출품 4) 전국대회 보고서 제출: 2020. 10. 21.(수) 18:00 5) 전국대회 보고서 심사 및 발표: 2020. 11. 2.(월) ~ 12. 4.(금) 6) 전국대회 입상작 통보: 2020. 12. 11.(금) 예정
보고 서 제출 (2020)	분량	- 보고서 최대 61쪽까지 ※ 겉표지·속표지·목차 각 최대 1쪽씩, 요약본 최대 3쪽, 본문 최대 35쪽, 부록 최대 20쪽
	표지	- 첨부된 서식을 사용하며 별도 디자인 및 서식 첨부 불가 - 제목을 출품신청서에 기재된 연구 제목과 동일하게 작성
	보고서	- 겉표지→속표지→목차→요약본→본문→부록 순으로 구성 - 겉표지: 분과, 학교급, 제목 기재 - 속표지: 분과, 학교급, 제목, 학교명, 성명, 지역명 기재 - 목차: 세부순서, 페이지 등을 기재 - 요약본: 보고서 내용의 핵심 사항을 요약하여 작성 - 본문: 진로교육실천사례의 주요 내용 및 경과 등 모든 실천사례는 6하 원칙에 따라 교육적 성과를 포함하여 기술 - 부록: 본문에서 기술한 진로교육실천사례의 실제 실천 여부 입증 자료 등을 추가적으로 첨부하는 용도로 사용
	제본	- 용지 크기(A4), 표지(흰색), 속지(흰색), 좌철 - 스프링 제본 불가
	인쇄	- 흑백 양면 인쇄(사진, 삽화 포함하여 흑백 인쇄)
	유의 사항	- 지역명 표기 금지, 출품자 및 학생 개인정보 노출 금지

	기준	영역	세부기준	배점
심사 기준	계획 수립의 적절성(10)	계획 수립	- 연구주제에 부합하게 계획을 수립하였는가? - 수립한 계획이 적절한가?	10
	연구내용 및 방법의 타당성 (45)	내용의 참신성과 적절성	- 최근에 새롭게 개발된 진로교육 프로그램 등을 창의적으로 적용하였는가? - 연구내용이 참신한가? - 교육적 가치가 있는 내용인가?	25
		방법의 타당성	- 체계적인 방법으로 운영하였는가? - 현장의 실정에 맞는 실천 가능한 방법인가?	20
	학생 진로개발 역량 향상도 (15)	학생의 진로개발역량 향상도	- 학생의 진로개발 역량 신장 등 진로교육 목표를 달성하였는가? - 참여 학생의 만족도가 높은가?	15
	현장교육에의 활용성(30)	현장교육에의 활용성	- 학생의 진로개발에 효과가 있는가? - 보고서, 첨부 자료 등이 현장에 적용 가능성이 높은가? - 진로교육 발전에 시사점을 주는가? - 일반화하여 확대 및 보급할 수 있는가?	30

에듀넷 티클리어(www.edunet.net)의 연구대회 입상작을 살펴보고 교사의 진로교육 주제와 관련이 있거나 진로교육 방향을 결정하는 데 도움이 되는 우수작품 3개를 선정한다. 3번 이상 정독한 후 자신만의 보고서 전체 흐름인 표지 제목, 주요 제목, 주요 활동을 작성한다.

아래의 내용은 필자가 초등학교 5학년을 대상으로 실천한 2012년 전국 진로교육실천사례연구발표대회 보고서(전국 1등급 수상)를 참고한 사례이다.

표지 제목	R·G·B 삼색 빛을 모아 별★스런 꿈 품격 높이기				
	※ R·G·B 삼색 빛: 원래 R·G·B는 빛의 3원색으로 빨강, 초록, 파랑의 빛을 겹쳐 비추었을 때 가장 많은 가지 수의 색깔을 만들 수 있다고 한다. 이를 진로교육에 적용하여 자신의 장점과 단점, 흥미와 재능을 발견하는 자기이해 영역을 R 빛으로, 다양한 직업의 종류를 이해하고 체험하는 직업탐색 영역을 G 빛으로, 자신의 꿈을 설계하고 실현하려 노력하는 진로설계 영역을 B 빛으로 하여 밝고 환하게 자신의 꿈을 완성해 나가는 것을 뜻한다. ※ 별★스런 꿈 품격: 별별스럽다는 여러 가지로 특색이 매우 뚜렷한 데가 있다는 뜻이다. 이를 진로교육에 적용하여 별★스런 꿈이란 자신과 타인이 모두 소중하다는 인식 아래 재능을 마음껏 펼칠 수 있는 자신만의 장래희망을 의미한다. 각자의 별★스런 꿈을 이루기 위해 필요한 창의성과 인성을 갖춰 나가는 과정과 결과를 품격이라 한다.				
주요 제목	Ⅰ. 별★스런 꿈들과의 만남을 준비했어요! Ⅱ. 별★스런 꿈들의 속마음을 헤아려 보았어요! Ⅲ. 이런 계획으로 별★스런 꿈들의 품격을 높일 거예요! Ⅳ. 별★스런 꿈들을 향해 R·G·B 삼색 빛을 비추었어요! Ⅴ. 별★스런 꿈 품격 높이기 대작전으로 이런 결과를 얻었어요! Ⅵ. 더 높은 수준의 품격으로 성장하는 꿈을 기대해요!				
주요 활동	단계	활동명	활동내용	활동시기	
	1단계 [R빛] 특★별한 나! (자기이해)	있는 그대로의 나를 인정하기	1-1 소중한 나의 위대한 탄생	3월 2주	
			1-2 소중한 나를 향한 시선 집중	3월 3주	
		나만큼 사랑스러운 너를 인정하기	2-1 나를 비울수록 커지는 너!	3월 4주	
			2-2 나를 채울수록 커지는 너!	4월 7주	
		특별한 나와 너를 넓은 품으로 껴안기	3-1 칭찬이 숨 쉬는 나 사랑의 날	수시	
			3-2 배려가 숨 쉬는 너 사랑의 날	수시	

2단계 [G빛] **특★별한** **일!** (직업탐색)	무한한 직업의 세계를 차근차근 살펴보기	1-1 세상에 가득한 이런 일!	3월 5주
		1-2 내 마음에 가득한 저런 일!	4월 8주
	무한한 직업의 세계를 하나하나 체험하기	2-1 체험! 우리 가족 일터	5월 11주
		2-2 체험! 삶의 현장	방학 중
	교실 밖 직업의 세계를 교실 안으로 초대하기	3-1 희망이 가득한 꿈 바라기 축제	5월 13주
		3-2 기쁨이 넘치는 꿈 동아리 축제	6월 15주
3단계 [B빛] **특★별한** **꿈!** (진로설계)	간절한 나의 우상! 멘토와 하나 되기	1-1 꿈 모델과의 단박 인터뷰	6월 14주
		1-2 미래를 그리는 꿈 청사진	6월 16주
	한 단계 높은 품격! 노력으로 발돋움하기	2-1 독서로 오르는 꿈 계단	수시
		2-2 배움으로 오르는 꿈 계단	수시
	영원한 나의 팬! 주변의 응원받기	3-1 승승장구! 드림 가족의 날	수시
		3-2 행복 2배! 드림 밀알의 날	수시

 전체 흐름이 완성되면 진로교육의 활동 내용을 담을 수 있는 보고서의 틀을 구상한다.

 그리고 자신이 선정한 우수작품 3개를 바탕으로 하여 자신만의 아이디어를 생각나는 대로 적어서 빈칸을 채워본다.

 3월이 시작되면 학급에 적용하고 수정 및 보완하여 보고서와 요약서를 완성한다.

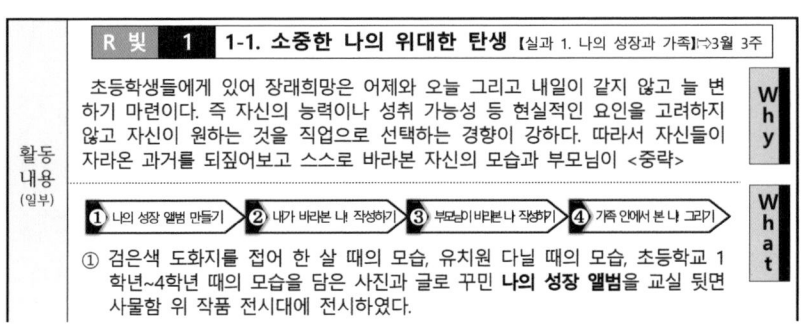

② 나의 장래 희망, 내가 존경하는 인물, 내가 가장 아끼는 물건, 나의 취미, 나의 성격, 내가 잘하는 것, 내가 잘하고 싶은 것 등을 **내가 바라본 나! 활동지**에 자유롭게 기록하게 한 후 **3월 한 달 동안 아침시간을 활용하여 소개**하는 기회를 제공하였다.
③ 사전 과제로 제시하여 부모님께 "저는 어떤 사람처럼 보이나요?"라는 내용으로 인터뷰하고 알게 된 점을 **부모님이 바라본 나! 활동지**에 기록하여 교실 뒷면 **별★별 꿈 동산 공간에 게시**하였다.
④ 빈 어항 그림을 주고 그 안에 자신이 꾸미고 싶은 세계를 표현하는 활동을 통해 가족관계나 심리적 갈등의 원인과 상태 등을 이해하는 자료로 활용하였다.

나의 성장 앨범이에요!

부모님이 바라본 나의 모습이에요!

별★별 꿈동산 공간이에요!

빈 어항을 꾸며요!

① 자신의 성장 앨범을 만들어 전시하고 친구들의 성장 앨범을 감상하는 활동을 통해 학기 초 서먹해질 수 있는 학급 분위기가 쉽게 풀렸다. **친구들을 이해하는 폭이 넓어지고, 잘 몰랐던 친구들에게 먼저 다가가서 이야기를 건네는 모습**을 보이기도 했다.
② 내가 바라본 나! 활동지를 작성할 때 번호와 이름을 쓰지 않도록 한 후 교실 창가 쪽에 1주 동안 게시를 하면서 과연 누구를 소개하는 것인지 찾아보도록 하는 활동을 통해 **친구에 대한 관심이 높아졌고 자신을 표현하는 활동에 적극적으로 참여**하게 되었다.
③ 우리 아이 이름의 뜻, 우리 아이의 태몽, 우리 아이가 좋아하는 연예인, 우리 아이가 좋아하고 즐겁게 하는 일, 우리 아이가 잘하는 일, 우리 아이가 지닌 장점, 우리 아이가 가지고 있는 단점 등을 담은 부모님이 바라본 나! 활동지를 통해 <중략>

나의 성장 앨범 전시 및 관람 활동을 통해 긴밀하게 하나가 되어 가는 아이들의 모습을 바라보고 있으면 저절로 미소가 번지게 되었다. 또한, 모든 결과물은 별★별 꿈 동산 공간에 게시 후 '내 꿈을 담아~' 파일에 보관하도록 하여 지속성을 고려하였으나 선생님의 성장 앨범도 보고 싶다는 <중략>

아래의 내용은 필자가 2012년 전국 진로교육실천사례연구발표대회 1등급 예정작 발표심사에 참여한 과정이다.

10월 초 시대회 보고서 제출을 위해 1학기에 대부분의 활동을 마무리한다. 그래서 활동마다 활동 전, 활동 중, 활동 후에 수정되거나 추가된 내용 또는 교사의 소감 및 학생의 반응 등을 구체적으로 메모해 놓는다. 필요에 따라서는 결과물을 보관하거나 사진 파일을 저장해 둔다. 그리고 여름방학이 되면 그동안 모은 자료를 정리하고 9월 한 달 정도의 교정 및 편집 과정을 거쳐 보고서를 완성한다.

2학기가 시작되니 이상하게도 한꺼번에 일이 밀려왔다. 급한 일부터 서둘러 처리하다 보니 어느새 제출 기한이 코앞이었다. 보고서에서 탐탁지 않은 부분이 보였지만 제출하는 데 의의를 두고 시대회 보고서를 마무리했다. 결과는 시대회 3등급이었고 전국대회 출품자가 되어 전국대회 관련 연수에 참석하게 되었다.

연수의 내용은 대략 이러했다. 제목은 보고서의 얼굴이기 때문에 보고서의 내용이 함축적으로 드러나야 하고 매혹적이어야 한다. 요약서는 단지 축소의 의미가 아닌 자신의 보고서를 심사위원에게 친절하게 설명한다는 마음으로 작성해야 한다. 보고서는 전체적으로 일관성 있는 흐름과 논리성을 지니되 '어~ 언제 다 읽었지?'라는 마음이 들게 작성해야 한다.

전국대회 보고서 제출일까지 남는 시간은 단 7일! 주어진 기간 동안 시간이 부족해서 손질하지 못했던 부분을 집중적으로 공략하며 연수에서 들었던 조언에 따라 제목, 요약서, 보고서에 대해 대대적인 리모델링을 시작했다.

약 한 달 후 '전국대회 1등급 예정작 발표심사 안내'라는 공문을 받았다. 발표심사는 한국직업능력개발원에서 연구자 발표 10분과 심사위원들의 면접 10분으로 진행되며 총 20쪽 내외로 구성된 PPT 자료를 지참하여 참석하라는 내용이 담겨 있었다.

발표심사는 오전에 초등1팀(4명)과 초등2팀(6명), 오후에 초등3팀(5명)과 초등4팀(7명)으로 나누어 실시되었는데 나는 초등4팀에 속해 있었다. 등록을 마치고 대기실에 있으니, 담당자가 노트북을 가져와서 초등4팀 선생님들이 제출한 USB의 PPT 자료를 심사 순서대로 저장한다.

잠시 후 심사를 마친 선생님들의 얼굴은 빨갛게 상기된 채 "보고서에 쓴 이론에 대해서는 박사가 되어야 해요." 또는 "보고서를 쓰면서 이건 마음에 걸린다는 내용만 쏙쏙 골라서 이유를 물으시는데 정말 죽고 싶은 심정이었어요."라는 말을 남겼다.

드디어 심사 장소로 이동했다. 준비한 PPT 자료를 활용하여 발표하고 있는데 심사위원인 한국직업능력개발원 교수님 2분, 교장 선생님 1분 모두 고개를 숙이고 보고서만 보고 계신다. 허공에다 대고 혼자 중얼거리는 느낌!
그리고 이 보고서에 서술한 활동 중 가장 자신 있게 소개할 수 있는 것이 무엇이고 그 이유가 무엇인지, 반대로 가장 어려웠던 부분이 무엇이었고 어떻게 해결했는지에 답한 기억만 떠오른다.

통일교육 담당교사, 업무의 달인이 되다

초등학교 교사는 1학년~6학년까지 학년별로 나타나는 특성이 제각각인 학생들을 담임하게 된다.

1학년은 귀엽고 기특함을, 2학년은 학교생활에 대해 어느 정도 감을 잡는 순수함을, 3학년은 이제 무언가 말이 통할 것 같은 익숙함을, 4학년은 어설픈 사춘기인 초 4병을 겪고 있는 안타까움을, 5학년은 본격적인 사춘기에 접어들어 불붙는 반항심에 난처한 미소를, 6학년은 이미 다 컸다고 착각하는 노골적인 반감에 답답한 흐뭇함을 준다. 하지만 교사도 사람이기에 성향에 따라 선호하는 학년이 있기 마련이다.

사람에게 첫 마음은 늘 설렘의 대상인 듯하다. 6학년이었던 1기 밀알들과의 추억은 제일 좋은 기억들로만 채워져 있다. 2기 밀알들 역시 6학년이었고 교사와 학생들이 서로를 위하는 마음이 얼마나 고귀한 것인지를 느끼게 했다.

그 후 20여 년이 흘러 드디어 6학년 담임을 하게 될 기회를 얻었다. 대체로 새로 전입하게 되면 남아 있는 학년이 1학년과 6학년이다. 그만큼 힘들고 어려운 학년이라는 것을 증명해 준다.

6학년을 선뜻 맡겠다고 한 것에 대한 고마움의 표시였는지 나름 덜 힘든 업무들이 주어졌는데 생소하게 눈에 띈 것이 통일이었다.

분단 이후 첫 번째 남북 정상회담이 있었던 2000년 6월에 3학년이었던 5기 밀알들과 함께 통일이 필요한 이유라는 주제로 전교 단위 공개수업을 했다. 남북 정상이 악수하는 사진을 칠판에 붙이자 학생들의 환호와 박수가 가득했던 모습이 떠오른다. 그 후 2018년 4월, 5월, 9월에 개최되었던 남북 정상회담 후인 10월에 4학년이었던 23기 밀알들과 함께 역시 통일이 필요한 이유라는 주제로 다시 한번 전교 단위 공개수업을 했지만 약 20년 전의 수업과 별반 다르지 않았다.

이런 나에게 통일 혹은 통일교육은 어떤 의미였을까? 통일의 의미나 과정, 비전 등에 대한 고민과 연구보다는 '통일은 해야 한다.'라는 고정적 사고와 막연한 기대에만 머물러 있었던 게 아닐까?

2018년부터 2019년 초까지만 해도 남북 정상회담, 평창 동계올림픽 북한 참가, 남북 단일팀 구성, 북측 예술단의 강릉 및 서울 공연, 남측 예술단의 평양 공연 등으로 남북 관계가 공존과 화해로 서로 협력의 대상이 되는 듯했다. 그러나 얼마 되지 않아 서로 반감의 대상이 되어 버렸다.

매년 습관적으로 해오는 통일교육이나 통일 관련 행사들이 재미없고 지루하며 더 나아가 통일에 대한 부정적인 마음을 형성하게 만드는 현실에서 탈피하고 싶었다.
주어진 업무를 제대로 수행하고 조금은 어려울 수 있는 주제인 통일교육을 6학년 학생들과 함께 배우면서 적용하고자 용기를 냈다.

학생들이 통일을 나의 문제, 너의 문제, 우리의 문제뿐만 아니라 전 세계에 영향을 끼치는 모두의 문제로 인식할 수 있는 통일교육을 하고 싶었다.

학교통일교육연구대회 운영 요강을 살펴보며 개요, 출품 안내, 심사 및 시상계획, 유의 사항 등을 확인한다.

추진 일정 (2025)		1) 참가신청: 2025. 5. 16.(금) 09:00 ~ 7. 4.(금) 24:00
		  ※ 국립통일교육원 누리집(https://www.uniedu.go.kr)을 통한 온라인 접수
		2) 출품작 제출: 2025. 9. 25.(목) 09:00 ~ 10. 2.(목) 24:00
		  ※ 국립통일교육원 누리집(https://www.uniedu.go.kr)을 통한 온라인 접수
		3) 예비심사: 2025. 10. 20.(월) ~ 10. 24.(금)
		4) 서면심사: 2025. 10. 31.(금)
		  ※ 결과 발표: 2025. 11. 6.(수) 14:00 개별 통보
		5) 발표심사: 2025. 11. 14.(금)
		  ※ 결과 발표: 2025. 11. 19.(수) 14:00 개별 통보 및 누리집 안내

출품 안내 (2025)	연구주제	- 학생들에게 통일미래 비전을 제시하고 통일 의식을 제고할 수 있는 『폭넓고 다양한 학교통일교육 지도 사례』 ※ 교과 및 창의적 체험활동, 자유학기제를 활용한 통일교육 프로그램
	연구대상 기간	- 2024년 ~ 2025년 중 1개 학기 이상
보고서 제출 (2025)	용지	- 상·하·우 여백 20, 좌 여백 25
	본문	- 들여쓰기 10, 휴먼명조 11포인트, 줄 간격 140%, 문단 위 5로 작성하며 목차와 표는 연구자 임으로 작성 가능
	분량	- 표지·요약서·목차 제외하고 본문부터 쪽수 표기하여 30쪽 이내로 작성
	유의 사항	- 보고서에 작성자 성명, 학교명 등 인적 사항 표기 금지(표지 포함) ※ 인적 사항은 제출 파일의 파일명을 통해서만 표시

심사 기준	구분	평가항목	평가내용	배점
	서면 심사	[타당성] 통일교육 목표, 내용, 방법의 논리적 연계성과 적합성	- 통일교육 목표가 교육과정에 부합하고 타당하게 수립되어 있는가? - 각 활동이 논리적으로 연계되어 있고 교육목표를 향한 일관성을 유지하여 구성되어 있는가?	30
		[창의성] 통일교육 주제, 내용, 방법의 참신성과 독창성	- 통일교육 주제 및 목표가 참신한가? - 통일교육의 프로그램 및 방법이 독창적으로 구성되어 있는가?	30
		[참여·협력도] 통일교육 참여 증진 및 협력 가능성	- 학급과 학교, 학부모, 지역사회의 참여를 포함하고 있는가? - 전문가 및 관련 기관과의 협력을 포함하고 있는가?	20

	[파급성] 통일교육 프로그램과 효과의 확산·파급 및 실제 기여도	- 통일교육 프로그램이 타 학급 및 학교 전체로 확산·파급되었는가? - 통일교육의 긍정적인 효과가 인근 학교, 지역사회로 확산·파급되었는가?	20
발표 심사	발표내용 및 과정의 타당성, 창의성, 효과성, 파급성, 충실성	- 통일교육에서 의도했던 목표, 내용, 방법이 발표자료에 충실히 드러나 있는가? - 통일교육 교수법과 프로그램의 독창성과 창의성이 발표자료에 충실히 드러나 있는가?	40
		- 통일교육에서 달성한 긍정적인 교육 효과가 발표자료에 충실히 드러나 있는가? - 통일교육의 인근 학교 및 지역사회로의 확산·파급 가능성이 발표자료에 충실히 드러나 있는가?	40
		- 발표 과정과 질의 및 응답 과정은 성실하고 타당하게 이루어졌는가?	20

에듀넷 티클리어(www.edunet.net)의 연구대회 입상작을 살펴보고 교사의 통일교육 주제와 관련이 있거나 통일교육 방향을 결정하는 데 도움이 되는 우수작품 3개를 선정한다. 3번 이상 정독한 후 자신만의 보고서 전체 흐름인 표지 제목, 주요 제목, 주요 활동을 작성한다.

아래의 내용은 필자가 초등학교 6학년을 대상으로 실천한 2019년 제7회 학교통일교육연구대회 보고서(전국 3등급 수상)를 참고한 사례이다.

표지 제목	오병이어 프로그램으로 통일의 기적지수 높이기 ※ 오병이어 프로그램: 오병이어는 떡 5개와 물고기 2마리로 5,000명을 먹이고 12바구니를 남긴 기적의 사건을 일컫는다. 이러한 기적을 통일교육에 적용시켜 민족공동체(오), 북한이해(병), 통일의지(이), 세계시민(어)라는 통일교육 내용으로 통일역량과 평화 감수성을 함양시키는 프로그램을 말한다.
주요 제목	Ⅰ. 통일 기적들과의 만남을 준비했어요! Ⅱ. 통일 기적들의 마음을 헤아려 보았어요! Ⅲ. 이런 계획으로 통일의 기적지수를 높일 거예요! Ⅳ. 오병이어 프로그램으로 통일의 기적지수를 높였어요! Ⅴ. 더 나은 통일의 기적들을 기대해요!

주요 활동 (일부)	[오] 오직 하나의 대한민국! 하나의 뿌리예요!	대한민국의 상징 열정으로 이끌기	1-1 우리나라 이끔이	4월 5주
			1-2 독립운동 이끔이	4월 5주
		대한민국의 자랑 정성으로 지키기	2-1 독도의 밀알 지킴이	6월 17주
			2-2 한글의 밀알 지킴이	6월 17주
		분단의 과정 가슴으로 이해하기	3-1 호국보훈 기념일과 분단	5월 12주
			3-2 책으로 펼쳐보는 분단	5월 12주
		분단의 아픔 발로 느끼기	4-1 호국보훈 기념관과 아픔	5월 12주
			4-2 UN 참전국과 함께하는 아픔	4월 8주
	[병] 병가제구! 다름을 인정하고 마주 보아요!	북한의 정치·경제를 교과랑 탐구하기	1-1 북한의 정치 꼼꼼이	5월 11주
			1-2 북한의 경제 꼼꼼이	6월 16주
		북한의 사회·문화를 창체랑 탐구하기	2-1 북한의 언어 나눔이	6월 15주
			2-2 북한의 관광지 나눔이	6월 16주
		북한 친구들의 일상생활 체험하기	3-1 북한 친구들의 노래	6월 15주
			3-2 북한 친구들의 놀이	6월 17주
		북한 주민들의 일상생활 공감하기	4-1 찾아가는 통일교육	6월 17주
			4-2 찾아보는 인권교육	6월 17주
	[이] 이제 우리는? 통일을 바라보며 함께 달려요!	의미를 담은 통일 비전 세우기	1-1 통일 피라미드 토의·토론하기	4월 9주
			1-2 통일 피라미드 비전 나누기	5월 12주
		꿈을 담은 통일 미래 채우기	2-1 오병이어 세바시 3분!	수시
			2-2 오병이어 꿈꾸이 20분!	5월 10주
		통일교육주간에서 통일홍보대사까지!	3-1 자신만이! 통일교육주간	5월 12주
			3-2 위풍당당! 통일홍보대사	5월 12주
		밀알 이벤트에서 통일 이벤트까지!	4-1 우리만의 밀알 이벤트	수시
			4-2 우리 함께 통일 이벤트	수시
	[어] 어디로? 나·너· 우리·모두의 평화가 있는 곳으로!	밀알들이 손잡고 평화 동그라미 그리기	1-1 분기별 마지막 주 밀알회의	분기별
			1-2 매월 24일 밀알데이	매월 24일
		가족들이 손잡고 평화 동그라미 그리기	2-1 밀알아이에게 사랑을!	수시
			2-2 밀알가족에게 칭찬을!	4월 8주
		남북이 손잡고 평화 동그라미 그리기	3-1 미리 스케치하는 정상회담	7월 19주
			3-2 미리 색칠하는 통일한국	7월 19주
		세계가 손잡고 평화 동그라미 그리기	4-1 평화시장과 평화기부의 행복	6월 15주
			4-2 평화여행과 평화타임캡슐의 행운	7월 20주

전체 흐름이 완성되면 통일교육의 활동 내용을 담을 수 있는 보고서의 틀을 구상한다. 그리고 자신이 선정한 우수작품 3개를 바탕으로 하여 자신만의 아이디어를 생각나는 대로 적어서 빈칸을 채워본다.

3월이 시작되면 학급에 적용하고 수정 및 보완하여 보고서를 완성한다.

		오 1-1 ☯☯		오직 하나의 대한민국! 하나의 뿌리예요 대한민국의 상징 열정으로 이끌기	
활동 내용 (일부)	기적의 씨앗	활동 시기	4월 5주	관련 교과	사회 6-1-1. 사회의 새로운 변화와 오늘날의 우리 창체(자율) - 학급특색(나라사랑)
		♣ 대한민국을 나타내는 상징에 담긴 뜻을 알고 3·1운동 및 임시정부 수립 100주년의 의미를 이해하여 **민족적 정체성을 수립**할 수 있다.			
	기적의 새싹	**우리나라 이끔이**			
		♣ 흰색 바탕에 태극 문양과 네 모서리의 건곤감리 4괘로 구성되어 있는 태극기에 담긴 뜻을 살펴본 후 **국기에 대한 맹세의 한 글자 한 글자를 태극기에 채우는 타이포그래피**를 완성하였다.			
		♣ 대한민국의 5대 상징 중 4대 상징인 태극기, 무궁화, 국새, 나라 문장의 의미를 알아본 후 우리나라 지도에 붙이며 **나라 사랑을 위해 내가 할 수 있는 일 3가지**를 적도록 하였다.			
		독립운동 이끔이			
		♣ 태극기를 흔들며 삼일절 노래를 힘차게 부른 후 자신이 담당한 독립선언서의 문구를 정성스럽게 필사하고 낭독하는 모습을 동영상으로 촬영하여 **낭독하라 1919 프로젝트**에 참여하였다.			
		♣ '나도 독립운동가'라는 대본에 따라 조별로 역할을 나눠 연습한 후 3·1운동 당시 일본군에 대항해 소리 높여 '대한 독립 만세'를 외쳤던 모습을 재연하여 **만세 하라 2019 프로젝트**에 참여하였다. <중략>			
	기적의 꽃	QR 코드			
		박○서: 태극기와 무궁화가 우리나라를 상징한다는 것은 알고 있었지만 몰랐던 국새와 나라 문장을 이제라도 알게 되어 좋았고 우리나라가 자랑스럽게 생각되었어요! <중략>			
	기적의 열매	♣ 대한민국의 대표적인 상징과 담긴 뜻을 알게 되면서 월 1회 방송으로 실시하는 **나라 사랑 조회 시간의 국기에 대한 경례와 애국가 제창 등에 진지한 자세로 임하는 모습**을 보였다.			
		♣ 낭독하라 1919와 만세 하라 2019 프로젝트에 참여했던 내용들은 **3·1운동 및 임시정부 수립 100주년 국민 참여 기념 사업(활동)**으로 인증을 받아 기념 사업 백서에 수록되었다.			

PART 3
배움과 익힘을 일깨우는 수업활동

"좋은 수업은 결국
평범한 반복과 차이에서 나온다."

☝ **교사의 손끝에서 수업이 들썩이다**
도구와 레퍼토리를 준비하며 미리 그려보는 좋은 수업

✌ **수업은 교사와 학생 사이 눈맞춤이다**
교사의 땀과 눈물만큼 품을 내어주고 성장하는 학생들

✌ **오래 붙잡은 수업, 깊은 고민이 남긴 것들**
수업의 왕도, 모방 그 너머의 노하우를 말하다.

1.
교사의 손끝에서 수업이 들썩이다

■ ★ ● ▲

'좋은 수업'이란 무엇인가

일반적으로 수업은 '교사가 학생에게 지식이나 기능을 가르쳐 줌' 또는 '학습을 촉진시키는 모든 활동'이다. 혹은 '학생이 특정한 수업목표를 달성할 수 있도록 학생의 내적·외적 환경을 계획적이고 체계적으로 조정하는 과정'으로 좀 더 구체적으로 풀이된다.

- 수업은 과학이다.
- 수업은 종합예술이다.
- 수업은 즐거운 놀이이다.
- 수업은 학생들과의 행복한 만남이다.
- 수업은 지·정·의를 조화롭게 배합하는 것이다.
- 수업은 7(기본학습) : 2(교과특성) : 1(학생들과의 교감)이다.
- 수업은 교사와 학생 간 끈끈한 교류이다.

- 수업은 교사들이 학생을 위해 생각하고 행동하는 기본이다.
- 수업은 교사의 학생에 대한 마음을 표현할 수 있는 교육의 장이다.
- 수업은 교사와 학생의 상호작용으로 표현되는 아름다움의 끝이다.

우리나라 교육은 짧은 시간 동안에 많은 변화를 겪으며 발전해 왔다. 전통주의, 진보주의, 학문주의, 인간중심주의 등 다양한 교육 사조를 받아들였다. 그런데 이러한 변화 속에는 늘 일관된 흐름이 있었다. 교사 중심으로부터 학생 중심으로 수업의 중심이 바뀌어온 것이다.

수업에서 학생들의 능동적인 역할은 이미 진행되고 있고 계속 발전시켜야 할 중요한 교육의 과제인 것은 맞다.

그렇다고 교사 중심 수업은 거부되고 부정되어야 할까? 예를 들어 거수하고 지명한 후 발표로 되풀이되는 일명 '거지발 수업'이나, 어려운 내용을 학생들이 쉽게 이해하도록 암죽처럼 떠먹여 주는 '암죽식 수업' 등 말이다. 이에 대한 판단은 어떤 수업이 좋은 수업인지에 대해 교사 스스로 정의한 기준에 따라 결정된다고 본다.

좋은 수업에 대한 정의를 위해 학생들이 바라는 수업과 학생들이 싫어하는 수업은 어떤 것인지 살펴보는 것이 필요하다.

학생들이 바라는 수업	학생들이 싫어하는 수업
■ 웃음과 유머가 있는 수업 ■ 말솜씨가 뛰어나 질리지 않는 수업 ■ 다채로운 퍼포먼스가 있는 수업 ■ 때때로 딴 길로 빠지는 수업 ■ 긴장과 이완, 변화가 있는 수업 ■ 목소리와 행동에 독창성이 있고 흥미를 집중시키는 수업	■ 재치와 유머가 없는 수업 ■ 설명이 길고 늘어지는 수업 ■ 공부 잘하는 학생만을 상대로 하는 수업 ■ 맺고 끊음이 없는 지루한 수업 ■ 이유 없이 화를 내는 선생님의 수업 ■ 목소리에 힘이 없는 선생님의 수업 ■ 표정이 어두운 선생님의 수업

일반적으로 정의되는 좋은 수업에 관한 탐색도 요구된다.

- 문제 해결을 위한 탐구심을 충족시켜 창의성이 신장되는 수업
- 학습동기를 유발하여 학생들의 지적·정서적 만족을 가져오는 수업
- 수업목표가 명확하고 학습목표 도달 정도를 지속적으로 확인하는 수업
  - 도입단계: 학생에게 학습목표를 충분히 인지시키기
  - 전개단계: 개인차를 고려하여 지도하고 달성도를 수시로 확인하기
  - 정리단계: 최종적인 목표 달성도를 확인하기
- 학생 개개인의 능력 및 적성과 경험을 바탕으로 그 수준에 맞춘 눈높이 수업
- 교사와 학생 간의 활발한 상호작용을 통한 학생 주도적인 참여가 이루어지는 수업

교사는 어떤 수업이 좋은 수업인지를 끊임없이 고민해야 한다. 예전에는 교사가 표정을 가지고 말하고 학생들은 눈으로 듣고 얼굴로 반응하며 온몸으로

표현하는 한 편의 드라마 같은 수업이 좋은 수업이라 생각했다.

그러나 교사와 학생들이 신나고 즐거운 수업이 좋은 수업이라고 정의를 내린 이후 나의 수업은 소박하고 편안하다.

학생들은 교사의 삶이 녹여져 있는 수업을 통해 더 크게 성장한다는 것을 알기에 5가지 질문으로 나의 삶을 살핀다. ① 교육철학은 무엇인가? ② 어떤 교사인가? ③ 학생들을 존중하며 이해하고 있는가? ④ 매주 수업 준비를 철저하게 하는가? ⑤ 자기 연수에 시간과 열정을 투자하고 있는가?

신나고 즐거운 수업은 자세가 절반이다

밀알반의 수업활동은 교사의 자세, 학생의 자세, 배움의 자세라는 3가지 영역으로 이루어진다. 이러한 수업활동은 영역 간 상호작용을 통해 교육과정과 수업 그리고 평가의 일체화를 추구한다.

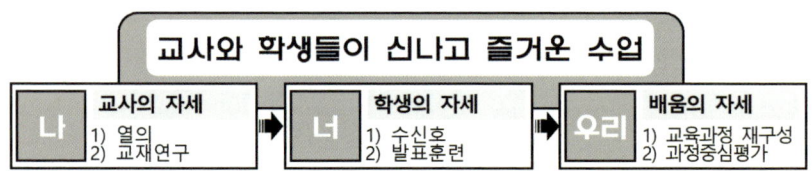

교육과정-수업-평가의 일체화란 학생의 성장과 발달을 목표로 교육과정을 성취기준 중심으로 재구성하여 학생 참여수업을 실시하고 수업활동을 평가하여 구체적으로 기록하는 것이다.

이렇게 교육과정-수업-평가가 일체화되었을 때 교사의 교육과정 재구성 역량이 탄탄해지고 학생 중심의 맞춤형 교육이 가능하며 과정에 초점을 맞춘 과정중심평가가 이루어진다.

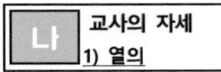

수업활동의 핵심축은 교사이다. 교사의 풍모, 언어 습관, 학생 이해 정도, 학급운영 방법 등이 수업의 성패를 좌우한다고 생각한다.

교사의 용모와 옷차림은 그 사람의 취미, 취향, 심리상태, 자존감 등을 나타내기 때문에 항상 신경을 써서 교사의 전문성을 드러낸다. 또한, 학생에 대한 존중의 의미를 담아 수업 시간에는 높임말을 쓴다.

쉬는 시간에 단원명과 학습문제를 판서한다. 학생들이 하루 내내 보고 있는 칠판에 글씨를 깔끔하게 쓰는 것은 학생을 위한 최소한의 배려이다. 고학년의 경우 판서를 학생들의 역할 분담으로 정해도 된다.

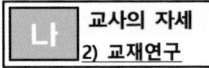

적어도 매주 토요일까지는 다음 주 수업 준비가 끝나도록 한다. 교재 연구를 충실히 하고 준비한 활동에 대해 학생들이 어떤 반응을 보일지 미리

예상하면 심리적 여유와 함께 자신감이 생긴다.

　우수수업 참관, 우수수업 동영상 시청, 수업 관련 독서 등 끊임없는 벤치마킹으로 수업을 업그레이드한다. 이대로 주저앉으려는 무책임한 만족을 채찍질하듯 매년 1회 이상 각종 대회나 특별한 활동에 도전한다. 특히 연구대회에 참여하게 되면 저절로 교육과정을 재구성하게 되고 연구 영역과 관련된 학생들의 역량을 균형감 있게 길러줄 수업을 찾게 된다.

너 학생의 자세
1) 수신호

　학년 발달 단계, 교과 내용, 개인적 성향 등에 따라 차이는 있지만, 초등학생들의 수업 집중 시간은 그리 길지 못하다. 그래서 교시마다 주어진 수업 시간이 40분이고, 40분을 다시 2개~3개의 활동으로 변화를 준다. 그럼에도 불구하고 수업에 집중하지 못하고 딴짓을 하거나 심지어 다른 친구들을 방해하는 모습이 목격된다. 이때 필요한 것인 수신호이다.

　교사를 위한 주의집중 3가지 수신호이다. 왼손 5개의 손가락을 모두 접기 전에 조용히 하거나 바른 자세로 앉아야 한다. 양손을 아래에서 위로 조금씩 올리면 발표 목소리를 좀 더 크게 해달라는 표시이다.

　학생을 위한 의견 표시 3가지 수신호이다. 오른손 손가락을 모아 위로 뻗으면 발표하겠다는 것이고, 검지 하나를 들면 질문이 있다는 것이다. 어떤 의견에 대해 찬성일 경우에는 주먹, 반대일 경우에는 가위로 표시한다.

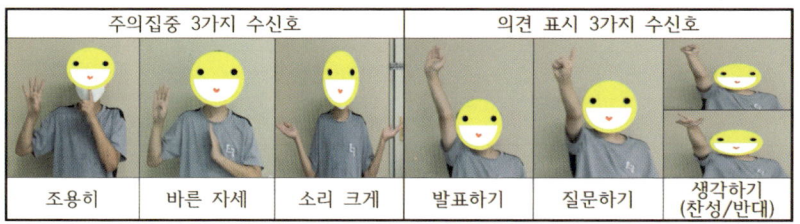

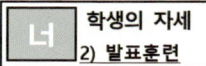
학생의 자세
2) 발표훈련

초등학교 저학년의 경우 수업 시간에 서로 발표하겠다고 나서지만 비슷한 내용이나 수업과 관련 없는 잡담이 되풀이된다. 고학년의 경우 침묵으로 일관하거나 자신 없는 태도로 마무리 짓지 못하는 경우가 많다.

3월 한 달은 발표훈련에 집중한다. 3월 1주는 요일별 자기소개를 한다. 반드시 끝부분을 올려 크게 발표한다.

1일차	- 저의 이름은 ~입니다.	4일차	- 제가 잘하는 것은 ~입니다.
2일차	- 저의 장래희망은 ~입니다.	5일차	- 제가 잘하고 싶은 것은 ~입니다.
3일차	- 제가 존경하는 인물은 ~입니다.	기타	- 가장 감명 깊게 읽은 책은 ~입니다.

3월 2주는 요일별로 도미노 발표를 하며 친밀감을 형성한다.

1일차	- 좋아하는 색깔	4일차	- 좋아하는 동물
2일차	- 좋아하는 음식	5일차	- 좋아하는 연예인
3일차	- 좋아하는 꽃	기타	- 좋아하는 게임, 과목, 운동, 노래

3월 3주는 지우개 이야기를 통해 밀알반의 듣는 태도를 익힌다.

"(말없이 지우개를 보여 주고 손에 쥔다.) 선생님 손안에는 무엇이 있을까요? 어떤 사람에게는 세상에서 가장 쉬운 질문이고 어떤 사람에게는 세상에서 가장 어려운 질문이 될 거예요.

그 이유는 무엇일까요? (지우개를 보여주며) 지우개는 누구나 알고 있지요. 그런데 이것이 손에 들어간 걸 못 본 사람은 대답할 수 없어요. 그래서 우리 밀알반은 귀로 듣지 않고 눈으로 듣습니다."

3월 4주는 '더 행복한 밀알반을 위해 무엇이 필요할까?'라는 주제로 의견을 나누며 혼자—짝꿍—모둠—전체의 4단계 대화 방법을 익힌다.

4단계 대화 방법	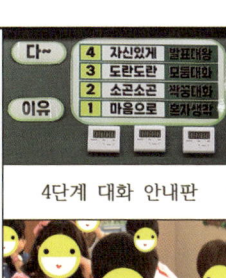 4단계 대화 안내판	■ 칠판 오른쪽에 4단계 대화 안내판을 붙인다. ■ '이유': 짝꿍대화를 나눌 때 이유를 들어 말한다. ■ '다~': 전체대화를 할 때 마지막 부분은 끝을 올려 소리를 크게 한다. ■ 단계별 시간 표시 소형 타이머 3개를 게시한다.
	 1단계 마음으로 혼자생각	■ 교사가 학급 약속 정하기 등의 대화 주제를 제시한다. ■ 혼자생각은 소형 타이머를 활용하여 약 1분 정도 진행한다. ■ 대화카드를 활용하여 생각을 쓰게 하거나 사전에 과제로 제시하여 의견 정리 시간을 갖게 하면 좋다.
	 2단계 소곤소곤 짝꿍대화	■ 짝꿍대화 역시 소형 타이머를 활용하여 약 1분 정도 진행한다. ■ 자신의 생각과 이유를 들어 짝꿍에게 이야기한 후 질문이 있을 때는 자유롭게 묻고 답한다. ■ 대화카드를 보며 대화를 나누어도 되고 필요에 따라 짝꿍대화 내용을 대화카드에 써도 된다.
	 3단계 도란도란 모둠대화	■ 모둠대화는 대형 타이머를 활용하여 약 3분~5분 정도 진행한다. (나눔이가 모둠상자를 가져온다.) ① 이끔이: (제시된 주제)에 대해 차례로 이야기를 해봅시다. ② 모두: (이끔이, 꼼꼼이, 나눔이, 지킴이, 깔끔이 순으로 자신의 의견을 이유와 함께 이야기한다.) ③ 꼼꼼이: 지금까지 나온 의견은 ~, ~, ~, ~입니다. ④ 이끔이: 또 다른 의견이 있습니까? ⑤ 지킴이: 시간이 ~분 남았습니다. ⑥ 이끔이: 우리 모둠의 의견을 결정하겠습니다. ⑦ 이끔이: 우리 모둠의 최종 의견은 ~입니다. ⑧ 꼼꼼이: (결정된 내용을 모둠칠판에 기록한다.) ⑨ 깔끔이: 주변을 정리하고 원래 자리로 이동합시다.
	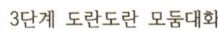 4단계 자신 있게 전체대화	■ 전체대화는 약 5분~10분 정도 진행한다. ■ 모둠대화에서 가장 훌륭한 생각으로 선정된 모둠 합의점을 모둠 사회자가 전체대화에서 발표한다. ■ 모둠 사회자는 처음엔 이끔이가 주로 담당하나 점차 다른 모둠원들이 해볼 수 있도록 기회를 부여한다. ■ 나머지 학생들은 발표내용 중 칭찬할 내용과 질문할 내용을 생각하며 듣는다.

우리 배움의 자세
1) 교육과정 재구성

교육과정 재구성이란 국가수준 교육과정의 성취기준을 효과적으로 달성하기 위해 교사의 전문성을 발휘해서 자신만의 교육과정을 구성하고 전개하는 모든 과정이다.

교육과정 재구성은 재구성 목적, 재구성 방법, 재구성 형태 등에 따라 다양한 유형으로 나타난다.

재구성 목적	목표 조정(상향, 하향)		강조점 조정(지도 중점, 강약)
	내용 조정(추가, 보완, 축소, 통합)		자료 조정(교재, 교구, 설비, 자료)
	방법 조정(수업전략, 교수법, 수업모형)		유의점 조정(편성, 방법)
	순서 조정(계절, 행사, 시설, 자료)		평가 조정(목표, 기준, 방법, 활용)
	시간 조정(증배, 감축)		
재구성 방법	교과 내에서 관련된 학습내용을 통합하여 재구성		
	교과 간 연관되는 학습내용을 통합하여 재구성		
	창의적 체험활동과 교과를 연계하여 교육과정 재구성		
재구성 형태	이슈 중심 재구성		
	핵심역량 중심 재구성 (자기 관리 역량, 지식 정보 처리 역량, 창의적 사고 역량, 심미적 감성 역량, 협력적 소통 역량, 공동체 역량)		
	핵심가치·덕목 중심 재구성 (예, 효, 정직, 책임, 존중, 배려, 소통, 협동)		

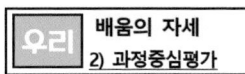
2) 과정중심평가

과정중심평가란 교육과정의 성취기준에 기반한 평가 계획에 따라 교수·학습 과정에서 학생의 변화와 성장에 대한 자료를 수집하여 적절한 피드백을 제공하는 평가이다.

구분	내용
평가목적	학생의 학습과 성장을 돕는 것
평가시기	수업과 연계하여 학습과정 중에 지속적으로 평가
평가초점	학생의 생각 및 행동의 변화에 초점을 맞추어 그 과정을 기록

학생 참여수업에 자주 활용되는 모둠활동에서 무임승차를 방지하기 위해 자기평가와 동료평가를 함께 실시한다.

자기평가 기준	◎	○	△
나는 모둠 계획 세울 때 친구들이 말하는 내용을 주의 깊게 잘 들었나요?			
나는 모둠 친구들과 이야기 나눌 때 내 의견만 고집하지 않았나요?			
나는 내가 맡은 역할을 이해하고 최선을 다해 실천했나요?			
나는 모둠 발표할 때 적극적으로 참여했나요?			

동료평가 기준 (해당하는 친구 이름 칸에 ∨표하기)	친구1	친구2	친구3	친구4
도움이 되는 아이디어를 제공했나요?				
모둠 친구들의 의견을 들을 때 주의 집중했나요?				
생각을 명확하고 이해하기 쉽게 말했나요?				
모둠 친구들이 참여하도록 격려했나요?				

2월, 도구를 갈고 수업을 준비하다

교사가 수업 시간마다 학생들에게 감동을 주기는 어렵다. 그러나 적어도 한 달에 1번, 한 학기에 1번만이라도 진한 감동을 자아내는 수업을 할 필요가 있다고 여긴다.
어느 날 문득 '밀알샘'하면 그 특유의 수업 장면이 학생들의 기억 저편에서 떠올라 자연스레 미소 짓게 되는 그런 수업 하나쯤은 갖고 싶었다.

수업에서 평균적으로 교사가 80%를 강의하고 학생들이 말할 수 있는 시간은 20%에도 못 미친다. 학생들이 수업에 더욱 적극적으로 반응하고 참여하기 위해 발표 방법과 토의·토론학습에 관심을 갖게 되었다.

공부에는 왕도가 없듯이 교사의 수업능력 역시 부단한 노력 이외는 도리가 없다는 생각으로 교사와 학생들이 신나고 즐거운 수업을 위해 연구에 몰두했다.

다양한 발표 방법들이 토의·토론학습까지 연계되도록 수업활동에 대한 그림을 2월에 충분히 그려 놓는다.

	순	발표명	발표 방법
다양한 발표 방법	1	머리 손 발표	① 자신의 생각이나 의견이 정리되면 조용히 양손을 머리에 올린다. ② 모든 학생이 머리에 손을 올리면 교사는 그중 한 학생을 지명한다. ③ 지명된 학생은 자신의 의견을 발표하고 생각이 같은 학생들은 올린 손을 내린다. ④ 전체 학생들의 머리에서 손이 내려질 때까지 교사는 학생을 지정하여 발표하게 한다.
	2	도미노 발표	① 학생들이 모두 머리에 손을 올리고 시작한다. ② 'ㄹ'자로 전체 학생이 돌아가며 발표한 후 머리에 올린 손을 내린다. ③ 앞 친구가 이야기한 것이라 해도 마음에 드는 의견이 있으면 또 이야기해도 된다. ④ 따로 생각나는 게 없으면 '생각 중'을 외치고 머리 손을 그대로 하고 있다가 전체 발표가 끝나면 생각 중이었던 자신의 의견을 말한다.
	3	텔레파시 발표	① 발표하고 싶은 많은 학생 중 몇 명을 지명하기 곤란할 때 교사와 해당 학생들이 함께 가위바위보를 한다. ② 교사와 같은 것을 낸 학생들만 선생님과 마음이 통했다고 하면서 차례로 발표할 기회를 준다.
	4	모둠 번호 발표	① 교사가 질문하면 정답에 대해 모둠별로 이야기를 나눈다. ② 모둠별로 정해진 번호 중에서 한 번호를 택하면 모둠의 해당 번호 학생들이 대표로 정답을 발표한다. ③ 모둠별 번호는 1번 이끔이, 2번 꼼꼼이, 3번 나눔이, 4번 지킴이, 5번 깔끔이 순이다.

순	구분	토의·토론 방법
1	브레인 라이팅	① 학생들의 생각을 포스트잇이나 육각보드에 적게 하고 칠판에 붙이도록 한다. ② 교사는 주제별 또는 영역별로 분류한 후 가장 많은 의견부터 순서대로 정리하여 이야기한다.
2	창문구조	① 교사는 모둠별로 토의할 주제를 제시한다. ② 주어진 시간 동안 창문 모양 모둠 칠판의 각자 정해진 공간에 생각을 적는다. ③ 모둠 칠판을 활용하여 자신의 의견을 발표하고 모둠원들의 이야기를 경청한다. ④ 좋은 생각이라고 동의하는 사람의 수를 해당 공간에 쓰고 숫자가 높은 내용에 대해 모둠 친구들과 협의한다. ⑤ 최종 모둠의 합의점을 모둠 칠판 중앙에 쓰고 발표한다.
3	만다라트 (연꽃기법)	① 커다란 정사각형이 9개로 나누어져 있는 만다라트의 중앙에 주제를 적는다. ② 주변 8칸에 중앙 주제의 하위 주제가 될 만한 것을 기록한다. ③ 8개 각각을 주변 만다라트의 중심에 쓴다. ④ 총 64개 요소에서 창의적인 아이디어를 만들어낸다.

아이디어를 얻는 토의·토론 방법

왜 평범한 학급운영일까?

순		구분	토의·토론 방법
의사결정을 위한 토의·토론 방법	1	PMI	① 의사결정 해야 할 문제를 정하고 개인용 및 모둠용 PMI 학습지를 나눠준다. (학습지 대신 와우보드판 활용 가능) ② 각자 개인용 학습지에 의견을 기록한다. ③ 모둠별 이끔이가 주도하여 좋은 점(P)에 대해 의견을 말하고 꼼꼼이가 모둠용 학습지에 기재한다. ④ 나쁜 점(M)에 대해 의견을 말하고 모둠용 학습지에 쓴다. ⑤ 의견에 대한 나의 생각 또는 바람직한 해결책 등 흥미로운 점(I)에 대해 의견을 말하고 모둠용 학습지에 적는다. ⑥ 모둠별로 의견을 정리하여 발표한다.
	2	신호등 토의·토론	① 교사가 주제와 관련된 질문을 던지면 학생들은 정해진 시간 동안 자기 생각을 정리한다. ② 찬성이면 녹색 카드, 반대면 빨간색 카드, 중립이거나 잘 모르겠으면 노란색 카드를 든다. ③ 교사는 찬성, 반대, 중립으로 의견 표시한 학생들에게 발표할 기회를 고르게 제공한다. ④ 노란색 카드를 든 친구들을 설득하는 방향으로 서로의 의견을 나눈다. ⑤ 주어진 시간 동안 자기 생각을 다시 판단하여 최종 색깔을 선택한 후 변경한 이유를 듣고 마무리한다.
	3	배심 토의·토론	① 토의·토론 역할 정하기 - 예) 사회자 1명, 찬성편 토론자 6명, 반대편 토론자 6명, 판정단 ○명 ② 토의·토론 준비하기 - 사회자는 토의·토론 시나리오를 보며 진행 연습하기 - 토론자와 판정단은 자신의 주장에 대한 근거를 조사하여 배부한 활동지에 기록하기 ③ 토의·토론 진행하기 1) 시작 선언하기(1분) 2) 주장 펼치기 - 찬성측(1분 30초), 반대측(1분 30초) 3) 협의 시간 갖기(2분) 4) 반론하기 - 반대편 반론제기, 찬성편 답하기(4분) - 찬성편 반론제기, 반대편 답하기(4분) 5) 주장 다지기 - 준비 시간(2분) - 반대측 (1분), 찬성측(1분) 6) 판정하기(5분) - 판정 시간 - 판정인 소감 발표하기 - 판정단 대표 결과 발표하기 ④ 토의·토론 마무리하기

약방의 감초처럼 사용되는 수업 도구는 수업에 생기를 주고 학생들의 시선을 집중시키게 만든다. 수업의 보조적 수단이지만 때에 따라서는 수업의 핵심적 역할을 하는 경우가 빈번하여 수업 도구 목록을 만들어 놓으면 유용하게 활용할 수 있다.

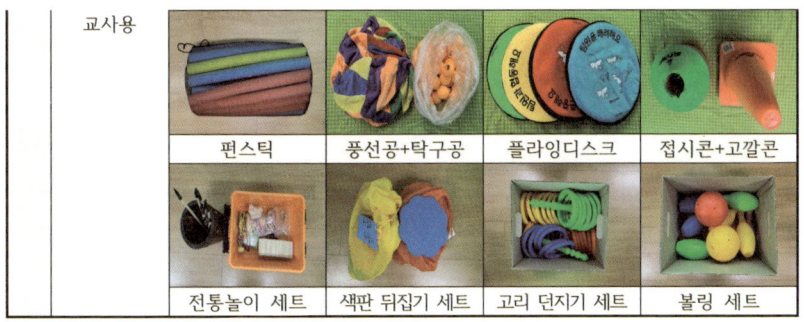

장착한 레퍼토리로 수업활동을 바라보는 3월

어떠한 일에 10년 이상을 매진하면 달인의 경지에 다다르는 모습을 보곤 한다. 그래서 수업의 달인이 된 교사는 학생들의 관심이나 요구 등을 한눈에 파악할 줄 알고 수업 방법에 대한 레퍼토리도 다양하게 갖추고 있어서 마음만 먹으면 언제든지 훌륭한 수업이 이루어지는 것 같다.

여전히 수업이라는 거대한 산 앞에 초라하게 서 있게 되지만 무엇인가를 시도하게 되면 노력하는 과정에서 조금씩 성장한다는 확신에 다시 한번 힘을 내어 본다.

3월 한 달 동안 교사는 수업을 위한 기초를 튼튼히 해야 한다. 수업 진행 시 유의할 점을 알고 꾸준히 수업 성찰을 하면서 수업의 방해꾼을 내 편으로 만들어야 한다.

수업 진행 유의 사항	■ 도입 부분에서 흥미 유발을 위한 발언이나 행동을 할 때 수업과 관련 있는 내용이나 자료가 되어야 한다. 수업과 관련 없는 내용과 자료는 학습목표를 흐리게 하고 효율성을 떨어지게 한다. ■ 교사는 질문(1문 1답)과 발문(1문 다답)을 적절하게 활용해야 한다. ■ 질문(발문) 후 거수가 학급 전체 인원의 80%를 넘지 않는 경우 거수 빈도를 높이는 보충 발문을 해야 한다. ■ 잘못된 대답이어도 스스로 깨닫고 고칠 수 있도록 질문(발문)을 통한 수정과 보완의 기회를 제공해야 한다. ■ 가장 좋은 수업은 모든 학생이 참여하는 수업이다. 같은 수업내용이라도 학생들이 자신의 수준에 따라 참여할 수 있도록 구조화해야 한다. ■ 필요한 자료가 필요한 곳에 꼭 필요한 양만큼 사용되어야 한다.
수업 방해 꾼 같은 편 만들 기	■ 특별한 관심을 보인다. 마음을 헤아리고 공감해주는 특별한 노력이 필요하다. ■ 자리를 재배치한다. 단순한 장난 위주의 산만함이라면 자리를 따로 앉혀 주어 흥분된 마음을 잠시 끊어준다. ■ 개인 보충 지도를 한다. 학업에 대한 흥미를 상실한 경우 보충 지도하여 수업에 대한 흥미를 높인다. ■ 수업에 참여할 기회를 준다. 질문(발문)할 때 해당 학생이 대답하기 좋게 질문(발문)을 만들거나 아주 쉬운 것을 물어서 자신 있게 대답할 수 있도록 한 후 칭찬과 격려를 한다.

3월 한 달 동안 교사와 학생들만의 수업 약속으로 안정된 수업 분위기를 조성해야 한다.

수업 약속	■ 수업 수신호 3가지 - 조용히, 바른 자세, 소리 크게 ■ 의견 수신호 3가지 - 발표하기, 질문하기, 생각하기 ■ 마음 수신호 3가지 - 급해요, 좋아요, 아파요 ■ 📢하나~ → 📢(교사의 눈을 보며) 집중~ ■ 📢칠판을 봅시다~ → 📢(칠판을 보며) 칠~ ■ 📢(수업벨을 치면) → 📢(얼음 동작) ■ 📢(슬레이트를 올리며) 레디~ → 📢(내리며) 액션~

수업벨　슬레이트

학급운영에 활용되는 밀알공책과 배움공책을 교사가 사전에 준비하여 배부한 후 3월 한 달 동안 사용법을 충분히 익히도록 한다.

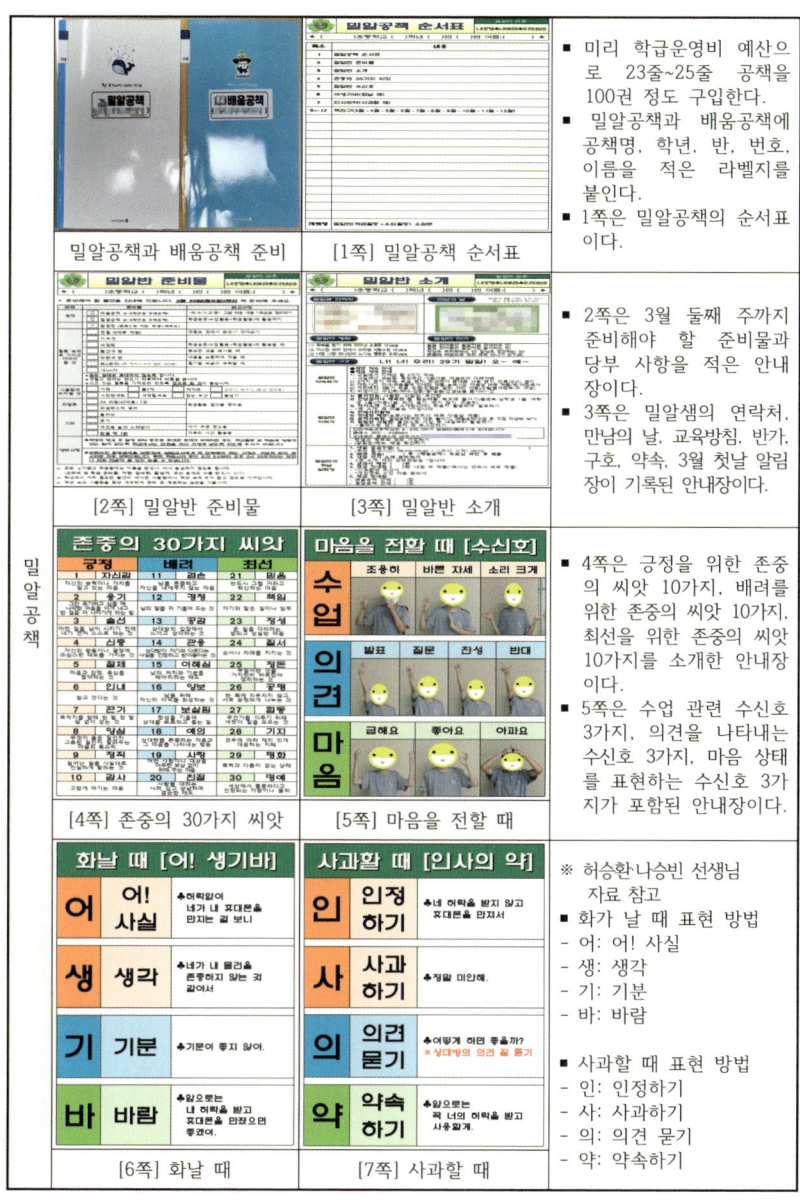

밀알공책			
	밀알공책과 배움공책 준비	[1쪽] 밀알공책 순서표	■ 미리 학급운영비 예산으로 23줄~25줄 공책을 100권 정도 구입한다. ■ 밀알공책과 배움공책에 공책명, 학년, 반, 번호, 이름을 적은 라벨지를 붙인다. ■ 1쪽은 밀알공책의 순서표이다.
	[2쪽] 밀알반 준비물	[3쪽] 밀알반 소개	■ 2쪽은 3월 둘째 주까지 준비해야 할 준비물과 당부 사항을 적은 안내장이다. ■ 3쪽은 밀알샘의 연락처, 만남의 날, 교육방침, 반가, 구호, 약속, 3월 첫날 알림장이 기록된 안내장이다.
	[4쪽] 존중의 30가지 씨앗	[5쪽] 마음을 전할 때	■ 4쪽은 긍정을 위한 존중의 씨앗 10가지, 배려를 위한 존중의 씨앗 10가지, 최선을 위한 존중의 씨앗 10가지를 소개한 안내장이다. ■ 5쪽은 수업 관련 수신호 3가지, 의견을 나타내는 수신호 3가지, 마음 상태를 표현하는 수신호 3가지가 포함된 안내장이다.
	[6쪽] 화날 때	[7쪽] 사과할 때	※ 허승환·나승빈 선생님 자료 참고 ■ 화가 날 때 표현 방법 - 어: 어! 사실 - 생: 생각 - 기: 기분 - 바: 바람 ■ 사과할 때 표현 방법 - 인: 인정하기 - 사: 사과하기 - 의: 의견 묻기 - 약: 약속하기

PART 3 배움과 익힘을 일깨우는 수업활동 143

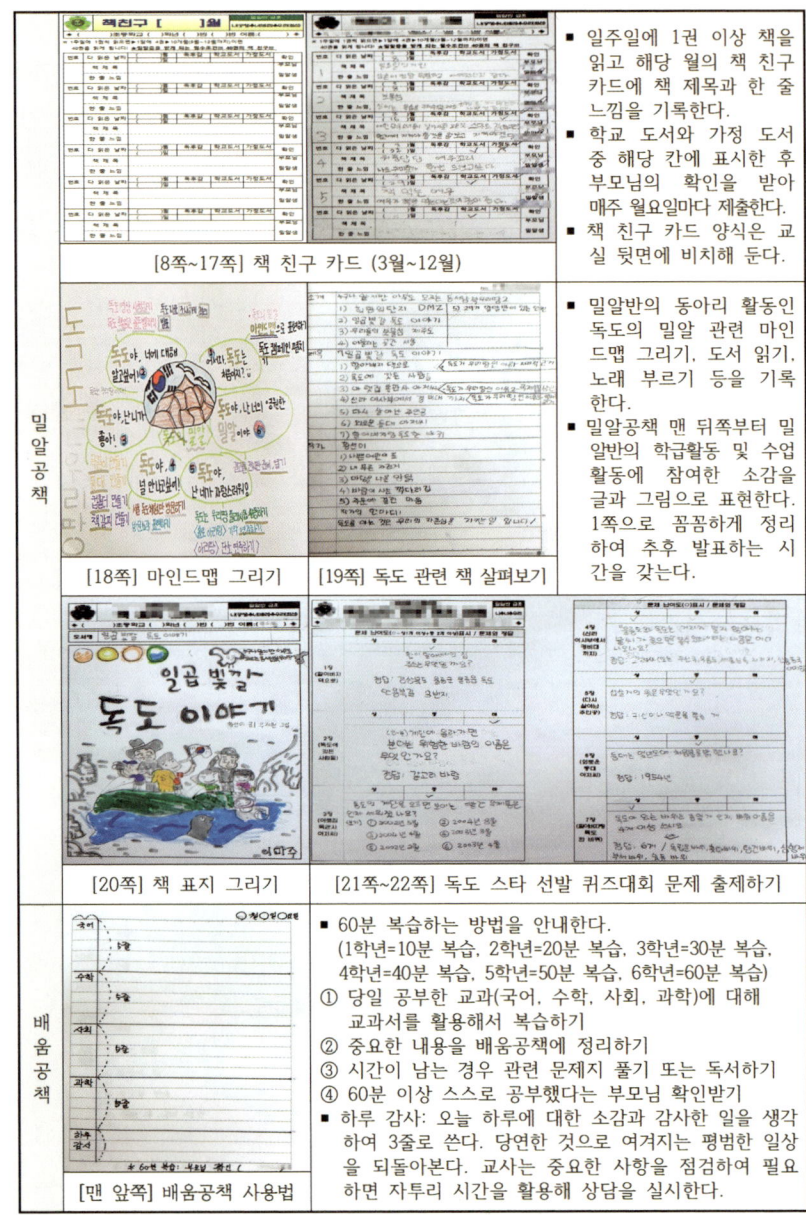

밀알공책	[8쪽~17쪽] 책 친구 카드 (3월~12월)		■ 일주일에 1권 이상 책을 읽고 해당 월의 책 친구 카드에 책 제목과 한 줄 느낌을 기록한다. ■ 학교 도서와 가정 도서 중 해당 칸에 표시한 후 부모님의 확인을 받아 매주 월요일마다 제출한다. ■ 책 친구 카드 양식은 교실 뒷면에 비치해 둔다.
	[18쪽] 마인드맵 그리기	[19쪽] 독도 관련 책 살펴보기	■ 밀알반의 동아리 활동인 독도의 밀알 관련 마인드맵 그리기, 도서 읽기, 노래 부르기 등을 기록한다. ■ 밀알공책 맨 뒤쪽부터 밀알반의 학급활동 및 수업 활동에 참여한 소감을 글과 그림으로 표현한다. 1쪽으로 꼼꼼하게 정리하여 추후 발표하는 시간을 갖는다.
	[20쪽] 책 표지 그리기	[21쪽~22쪽] 독도 스타 선발 퀴즈대회 문제 출제하기	
배움공책	[맨 앞쪽] 배움공책 사용법		■ 60분 복습하는 방법을 안내한다. (1학년=10분 복습, 2학년=20분 복습, 3학년=30분 복습, 4학년=40분 복습, 5학년=50분 복습, 6학년=60분 복습) ① 당일 공부한 교과(국어, 수학, 사회, 과학)에 대해 교과서를 활용해서 복습하기 ② 중요한 내용을 배움공책에 정리하기 ③ 시간이 남는 경우 관련 문제지 풀기 또는 독서하기 ④ 60분 이상 스스로 공부했다는 부모님 확인받기 ■ 하루 감사: 오늘 하루에 대한 소감과 감사한 일을 생각하여 3줄로 쓴다. 당연한 것으로 여겨지는 평범한 일상을 되돌아본다. 교사는 중요한 사항을 점검하여 필요하면 자투리 시간을 활용해 상담을 실시한다.

2. 수업은 교사와 학생 사이 눈맞춤이다

■ ☆ ● ▲

교과, 수업으로 말하는 교사의 필살기

교사의 수업 성찰을 위한 동료장학 수업이나 수업 현장을 학부모에게 공개하여 학교에 대한 이해와 신뢰를 형성하기 위한 학부모 참여 공개수업은 결국 **수업의 질 향상이 목적**이다.

단원	3. 나를 돌아보는 생활		교과	도덕	차시	2/4
단원 개관	영역	자연·초월과의 관계				
	성취 기준	[6도04-02] 올바르게 산다는 것의 의미와 중요성을 알고, 자기반성과 마음 다스리기를 통해 올바르게 살아가기 위한 능력과 실천 의지를 기른다.				
	내용 체제	1차시	• 생활 속에서 성찰이 필요한 이유 생각해 보기 • 도덕적 성찰의 의미 알아보기			
		2차시(본시)	• 올바른 삶을 위해 실천할 수 있는 성찰의 방법 알기 • 도덕적 성찰의 방법 선택하기			
		3차시	• 생활 속에서 자신의 행동을 성찰해 판단하기			
		4차시	• 도덕적 성찰의 실천 결과 발표하기 • 도덕적 성찰 실천하기			

학습 주제	♣도덕적 성찰의 방법을 익혀 생활 속에서 꾸준히 실천하기				
학습 목표	♣올바른 삶에 매우 중요한 도덕적 성찰의 방법을 익혀 생활 속에서 꾸준히 실천할 수 있다.				
수업 의 흐름	학습 단계	학습 구조	시간 (분)	학습내용	♡ 핵심덕목 ♥ 핵심역량
	학습 문제 인지	전체 학습	7	■ 전시학습 상기 및 학습문제 파악하기 - <존중의 요리> 활동으로 전시학습 상기하기 - 빈칸에 들어갈 낱말을 생각하며 학습문제 파악하기	♡ 존중 ♥ 공동체 역량
	바른 행동 알기	전체 학습	10	■ 도덕적 성찰 방법 알아보기 - 올바른 삶을 살아가기 위해 실천할 수 있는 도덕적 성찰 방법 5가지 알아보기(① 성찰 일기 쓰기, ② 속담 또는 격언 활용하기, ③ 성찰 모음집 만들기, ④ 좌우명 실천하기, ⑤ 문학 작품 활용하기)	♡ 소통 ♥ 의사소통 역량
	모범 적 행동 적용	전체 학습 개별 학습	13	■ 도덕적 성찰 방법 선택하기 - <나의 좌우명 - 참을 인(忍)과 어질 인(仁)> 영상을 시청하고 유명인들의 좌우명을 살펴보기 - 자신의 좌우명을 만들고 친구들과 공유하기	♡ 책임 ♥ 자기 관리 역량
	실천 동기 부여 및 정리	개별 학습 전체 학습	10	■ 도덕적 성찰 방법 실천 서약하기 - 자신의 좌우명을 실천하겠다는 서약서를 작성하고 친구들 앞에서 약속하기 ■ 학습내용 정리 및 차시 예고	♡ 책임 ♥ 자기 관리 역량

교 과	도덕		대상	6학년 ○반 ○명 (남 ○명, 여 ○명)	
단 원 명	3. 나를 돌아보는 생활		교과서	48쪽~51쪽	**수업모형** **실천 중심 모형**
학습주제	◉ 도덕적 성찰의 방법을 익혀 생활 속에서 꾸준히 실천하기				
학습목표	◉ 올바른 삶에 매우 중요한 도덕적 성찰의 방법을 익혀 생활 속에서 꾸준히 실천할 수 있다.				
학습단계	학습문제 인지	바른 행동 알기		모범적 행동 적용	실천동기 부여 및 정리
학습구조	전체학습	전체학습		전체학습, 개별학습	개별학습, 전체학습
학습자료	• 존중의 요리 자료 • 학습문제 카드 • 학습안내판	• PPT 자료 • 존중의 양념 카드		• PPT 자료 • 육각보드, 보드마카	• 성찰 실천 서약서

학습 단계	배움 과정	교수·학습 활동		시 량	자료 및 유의점
		교사의 의도된 활동	학생의 기대되는 활동		
학습 문제 인지	배 움 의 준 비	♣ 전시학습 상기 ✻ 전시에 학습한 내용에 대해 <존중의 요리> 활동하기	S_n:(존중의 요리를 준비하며 학습 문제를 생각한다.)	7′	▶ 존중의 요리 　자료
		♣ 학습문제 확인하기 T:그럼 이번 시간에 무엇을 공 부하면 좋을까요?	S_n:(빈칸에 들어갈 낱말을 떠올 리며 자유롭게 생각을 나눈 다.)		▶ 학습문제 　카드
		도덕적 성찰의 (방법)을 알고 생활 속에서 (실천)해 보자.			
		♣ 학습활동 안내하기			▶ 학습안내판
		활동1 존중의 양념 5가지 살펴보기 / 도덕적 성찰 방법 알아보기 **활동2** 나만의 좌우명 만들기 / 도덕적 성찰 방법 선택하기 **활동3** 존중의 요리사 서약하기 / 도덕적 성찰 방법 실천 서약하기			

학습단계	배움과정	교수·학습 활동		시량	자료 및 유의점
		교사의 의도된 활동	학생의 기대되는 활동		
바른 행동 알기	개인적 배움	**활동1** 존중의 양념 5가지 살펴보기 도덕적 성찰 방법 알아보기 ♣ 도덕적 성찰의 방법 알아보기 T:첫 번째 양념인 성찰 일기를 쓸 때 중요한 점은 무엇일까요? T:두 번째 양념인 속담 또는 격언 활용하기를 할 때 중요한 것은 무엇일까요? T:세 번째 양념인 성찰 모음집 만들기를 할 때 중요한 점은 무엇일까요? T:네 번째 양념인 좌우명이란 무엇인가요? T:다섯 번째 양념인 문학 작품을 활용한 성찰이란 무엇인가요?	S₁:솔직하게 쓰는 거예요. S₂:더 나은 행동과 말을 하기 위해 자신의 모습을 돌아보는 거예요. 등 S₁:속담이나 격언에 비추어 나의 생활을 돌아보는 과정을 거치는 거예요. 등 S₁:앞으로 어떻게 행동할지를 생각해야 해요. 등 S₁:늘 가까이 두고 생활의 길잡이로 삼는 말이나 문구예요. 등 S₁:문학 작품 속 도덕적 상황과 관련된 자신의 경험을 떠올리고 올바른 삶을 생각해 보는 거예요. 등	10′	▶ PPT 자료 ▶ 존중의 양념 카드
모범적 행동 적용	개인적 배움	**활동2** 나만의 좌우명 만들기 도덕적 성찰 방법 선택하기 ♣ 좌우명 살펴보기 T:영상 속 주인공은 올바른 삶을 살아가려고 어떤 노력을 했나요? T:주변에서 좌우명이 있는 분들을 본 경험이나 다른 사람의 좌우명을 들었던 경험이 있나요? T:함께 살펴본 유명인들의 좌우명 중에 가장 인상 깊은 좌우명은 무엇인가요?	S₁:자신만의 좌우명을 만들고 생활 속에서 지키려고 꾸준히 노력했어요. 등 S₁:위인전을 읽다가 위인의 좌우명을 본 경험이 있어요 등 S₁:가수 비의 "끝없이 노력하고, 끝없이 인내하고, 끝없이 겸손하자."예요. S₂:토마스 제퍼슨의 "오늘 할 일을 내일로 미루지 말자." 예요. 등	13′	▶ PPT 자료

학습 단계	배움 과정	교수·학습 활동		시 량	자료 및 유의점
		교사의 의도된 활동	학생의 기대되는 활동		
실천 동기 부여	협 동 적 배 움	♣ 나만의 좌우명 만들기 T:존중의 양념이 되는 나만의 좌우명을 만들어보겠어요. T:자신이 만든 좌우명을 친구들에게 발표해 보겠어요.	S_n:(도덕적 성찰과 관련된 자신만의 좌우명을 육각보드에 적은 후 교실 칠판에 붙인다.) S_n:(자신이 만든 좌우명과 왜 그렇게 지었는지 친구들에게 소개한다.)	10'	▶ 육각보드, 보드마카
		활동3 존중의 요리사 서약하기 도덕적 성찰 방법 실천 서약하기			
정리 및 확대 적용	표 현 의 공 유	♣ 도덕적 성찰 실천하기 T:여러분이 관심 있는 실천 방법은 무엇인가요? T:여러분이 관심 있는 방법을 실천해 무엇을 이루고 싶나요? T:여러분이 일주일 동안 실천해 보고 싶은 성찰 방법을 고른 후 성찰 실천 서약서를 만들어 보겠어요.	S_1:좌우명을 만들어 실천하기예요. 등 S_1:좌우명을 실천하여 실천력이 강한 사람이 되고 싶어요 등 S_n:(활동자료2를 활용하여 성찰 실천 서약서를 작성하고 실천 의지를 다진다.)		▶ 성찰 실천 서약서 ☞ 일주일 동안 실천할 성찰의 방법을 선택할 때 수업시간에 제시한 방법만을 선택하게 할 필요는 없으며 허용적인 분위기를 조성한다.
		♣ 학습내용 정리 및 평가하기 T:이번 수업을 통해 새롭게 알게 된 점에는 무엇이 있나요?	S_n:(배운 내용을 정리하며 친구들과 생각을 나눈다.)		
		♣ 차시 예고 T:다음 시간에는 반성하는 생활의 습관화에 대해 알아보겠어요.			

♣ 본시 과정중심평가 계획 ♣					
도덕	학습주제	도덕적 성찰의 방법을 익혀 생활 속에서 꾸준히 실천하기		평가방법	관찰평가 자기평가
성취기준		성취수준			
[6도04-02] 올바르게 산다는 것의 의미와 중요성을 알고, 자기반성과 마음 다스리기를 통해 올바르게 살아가기 위한 능력과 실천 의지를 기른다.		잘함	관심 있는 성찰 실천 방법을 골라 생활 속에서 꾸준히 실천한다.		
		보통	관심 있는 성찰 실천 방법을 골라 생활 속에서 실천한다.		
		노력 요함	관심 있는 성찰 실천 방법을 골라 생활 속에서 실천하려는 노력이 부족하다.		

의미와 재미로 학생을 춤추게 하라

초등학교 교사는 팔방미인이 되어야 한다. 팔방미인의 뜻을 살펴보니 여러 방면에 능통한 사람을 비유적으로 이르는 말이기도 하지만 한 가지 일에 정통하지 못하고 온갖 일에 조금씩 손대는 사람을 놀림조로 이르는 의미도 있다.

초등학교 교사는 다양한 교과를 다루기 때문에 전문성 향상을 위한 끝없는 연수도 힘든데 해마다 주어지는 판이한 업무로 인한 스트레스로 번아웃이 되기도 한다.

한정된 시간과 노력 안에서 교육자로 살기 위해 되도록 업무를 학급운영 안으로 끌어들이려고 한다. 독도교육 관련 업무를 맡으면서 실적 창출을 위한 불순한 의도로 시작한 **독도의 밀알이라는 동아리 활동이 지금은 밀알반의 교육 브랜드**가 되었다.

독도의 밀알	하나	어서 와, <독도의 밀알>은 처음이지?

4월	독도의 밀알 준비하기 활동소감 일본이 독도를 점령하고자 했을 때 독도를 지켜냈던 의용수비대의 용기와 희생이 담긴 **독도사랑과 독도수호의 마음을 다지는 계기**가 되었다.	♣ **독도교육주간 참여하기** ■ 아침시간 활용 동영상 시청하기 – 독도를 지킨 33인의 영웅들 – EBS 독도채널ⓔ 독도 로드(1), 독도 로드(2) https://www.nahf.or.kr ■ 교육과정과 연계한 독도 관련 체험 활동하기 – 독도사랑 티셔츠 디자인하기(미술) – 독도수호 4행시 짓기(국어)
	독도의 밀알 살펴보기 활동소감 독도의 밀알 세부 활동들이 어떤 의미와 목적으로 이루어지는지 알게 되었다.	♣ **독도의 밀알 활동내용 마인드맵 나타내기** ■ 동아리 활동 안내로 공감대 형성하기 – 교사가 독도의 밀알 활동 전체적인 방향을 제시하기 – 독도의 밀알 슬로건과 구체적인 활동내용을 마인드맵으로 표현하기 – 매시간 도입 부분에 활용하여 독도의 밀알 전체적인 흐름 파악하기
	독도의 밀알 내딛기 활동소감 독도를 제대로 알고 독도를 반드시 지키겠다는 마음을 담은 슬로건을 외치며 **진정한 독도의 지킴이로 성장하고자 하는 사명감이 고취**되었다.	♣ **독도의 밀알 발대식** ■ 발대식 참여하기 – 슬로건 '독도를 배우자! 독도를 지키자!' 정하기 – 카드 섹션으로 슬로건 외치기 ■ 독도는 우리 땅 매스게임하기 – <독도는 우리 땅> 노래 신체표현 연습하기 – 태극기 두건을 두르고 두 손에 태극기를 흔들며 <독도는 우리 땅> 음악에 맞춰 신체 표현하기

| 독도의 밀알 | 둘 | 독도야, 너에 대해 알고 싶어! |

| 5월 | 독도 관련 책 읽기 **활동소감**
독도가 우리 땅이라는 증명을 해주는 지리적 근거, 국제법상 근거, 역사적 근거를 알게 되어 논리적으로 설명할 수 있는 자신감이 생겼다. 또한, 독도를 아는 것이 우리의 자존심을 지키는 것임을 이해하게 되었다. | ♣ 『일곱 빛깔 독도 이야기』온 작품 읽기
■ 국어 슬로우 리딩 활동과 연계하여 책 읽기
-- 학생 수만큼 『일곱 빛깔 독도 이야기』준비하기
-- 제목과 앞표지, 뒤표지를 보며 이야기 나누기
-- 돌아가며 읽기를 통해 독도가 우리 땅인 근거 확인하기
-- 나머지 부분은 혼자 읽기를 하며 자신의 생각 정리하기

제목과 표지 살펴보기  돌아가며 읽기  혼자 읽기 |
| | 독도 관련 책 되짚어 보기 **활동소감**
직접 출제한 문제로 독도 골든벨에 참여하면서 독도를 더 많이 배우고 더 많이 사랑해야겠다는 다짐을 하게 되었다. | ♣ 『일곱 빛깔 독도 이야기』독후 활동하기
■ 독도 골든벨 독후 활동하기
-- 학생들 스스로 문제 만들기 (선별된 30문항)
-- 개인전·부활전 과정을 통해 독도 스타 선발하기
■ 독도 홍보 영상 독후 활동하기
-- 독도에 대해 알리고 싶은 내용으로 독도 홍보 영상을 모둠별로 제작하고 발표회 열기 |

| 독도의 밀알 | 셋 | 독도야, 난 네가 좋아! |

| 6월 | 독도사랑 표현하기(1) **활동소감**
독도가 우리나라 동쪽 제일 끝에 위치한 섬으로 천연기념물 제336호로 지정되어 있다는 것을 알게 되었고, 독도를 환하게 비춰주는 등대처럼 독도에 대한 사랑이 지속되어야 한다는 것을 깨닫게 되었다. | ♣ 독도사랑 목걸이, 등대 만들기
■ 독도사랑 목걸이 만들기(아침시간)
-- 독도 사진과 독도에 대한 설명 스티커 부착하기
-- 6월 밀알데이에 독도사랑 목걸이 착용하기
■ 독도사랑 등대 만들기(동아리활동 2시간)
-- 천연기념물 독도의 모습을 표현한 등대 완성하기
-- 6월 밀알데이에 LED 등대 전시하기

독도사랑 목걸이  독도사랑 등대  독도사랑 부채  |
| | 독도사랑 표현하기(2) **활동소감**
손으로 그린 문자인 캘리그래피 기법을 적용하여 독도사랑을 문구와 부채로 다양하게 표현하는 과정을 통해 독도에 대한 관심이 높아졌다. | ♣ 독도사랑 캘리그래피, 부채 만들기
■ 독도사랑 캘리그래피 완성하기(동아리활동 2시간)
-- '대한민국 독도, 독도는 우리 땅' 문구를 넣어 캘리그래피 완성하기
-- 독도사랑 캘리그래피 결과물 교실에 전시하기
■ 독도사랑 부채 만들기(미술 2시간)
-- 수채물감으로 그러데이션을 한 후 '독도는 아름답다!' 등의 문구를 넣어 부채 완성하기
-- 독도사랑 부채 활용 모둠별 포즈 사진 교실에 전시하기 |

| 7월 | 독도사랑 표현하기(3) 활동소감 독도의 다양한 가치를 살핀 후 컵홀더와 책갈피를 만드는 과정을 통해 독도의 소중함을 일깨우는 계기가 되었다. | ♣ 독도사랑 컵홀더, 책갈피 만들기
■ 독도사랑 컵홀더 만들기(자율활동 1시간)
- 독도의 가치를 담아 컵홀더 디자인하기
- 독도사랑 컵홀더 결과물 활용 개인 식물 가꾸기
■ 독도사랑 책갈피 만들기(동아리활동 1시간)
- '내 손안의 작은 독도' 책갈피 도안 색칠하기
- 독도사랑 책갈피 활용 개인 독서활동하기 |

독도의 밀알 넷 — 독도야, 널 만나고 싶어!

9월	독도에 대해 조사하기 활동소감 모둠별 주제에 따라 모둠 친구들과 협력하여 독도에 대해 자세하게 탐구하는 과정을 통해 독도에 대한 깊이 있는 연구에 관심이 생겼다.	♣ 독도에 대해 조사하기 ■ 모둠별로 독도에 대해 조사하기(자율활동 1시간) - 독도의 위치와 모양, 독도의 동물과 식물, 독도의 자원, 독도의 역사, 독도 관련 인물 등 모둠별로 주제 정하기 - 모둠별 협의를 통해 조사해야 할 영역을 나누어 컴퓨터나 노트북으로 자료 조사하기 ■ 모둠별로 조사한 내용 정리하기(자율활동 1시간) - 각자 조사한 내용을 모둠 친구들에게 소개하기 - 모둠별로 조사한 내용을 4절지에 정리하기
	독도에 대해 발표하기 활동소감 모둠별로 조사한 주제를 친구들에게 소개하고 발표를 듣는 과정을 통해 더 많은 사람들에게 독도에 대해 알리고 싶다는 생각을 하게 되었다.	♣ 독도에 대해 조사한 내용 발표하기 ■ 전시장 관람 구조로 발표하기(동아리활동 2시간) - 모둠 수에 따라 6개 코너를 마련하고 준비하기 - 1차 발표 시 모둠별로 1명~2명의 해설자가 남아 조사한 내용을 발표하고 나머지는 관람자가 되어 다른 모둠의 발표내용 듣기 - 2차 발표 시 해설자와 관람자의 역할을 바꾸어 활동하고 친구들의 질문에 성실하게 답변하기
	독도체험관 탐방하기 활동소감 독도 관련 책을 읽고 모둠별로 조사하여 발표하는 과정을 통해 알게 된 독도에 대해 전시 해설사 선생님의 설명을 들으며 다시 한번 정리하여 익히는 시간이 되었다. 독도체험관에 전시된 모형자료, 지도자료, 영상자료 등을 직접 보고 느끼고 체험하는 활동을 통해 독도에 대한 역사 인식과 독도 주권 수호 인식이 한층 더 높아졌다.	♣ 독도체험관 탐방하기 ■ 독도체험관 현장체험학습 계획하기 - 일시: 2019. 9. 26.(목) 08:40~16:40 - 장소: 동북아역사재단 독도체험관 - 참가자: 독도의 밀알 20명 (45인승 버스 이용) ■ 교육과정(국어, 미술, 동아리 활동)과 연계한 독도 관련 체험 활동하기 - 전시 해설사 선생님과 함께 자연관과 역사관 살펴보기 - 4D 영상을 관람하며 독도에 대해 관심 갖기 - 독도의 다양한 모습을 VR 파노라마로 체험하기 - 독도 소개 자료를 활용하여 독도신문 만들기 - 모둠별로 독도체험관 어린이 체험활동 학습지를 풀며 독도에 대해 깊이 알기

| 자연관 | 역사관 | VR 파노라마 체험 |

독도의 밀알 **다섯**		**독도야, 난 네가 자랑스러워!**
10월	독도의 밀알 전시회 준비하기 **[활동소감]** 독도 지킴이로서의 역할을 성실하게 수행한 결과물들을 모아 독도의 밀알 전시회를 준비하는 과정에서 **독도에 대한 애정과 관심을 토대로 독도를 바로 알리는 데 더 노력할 것**을 다짐하게 되었다.	♣ **독도의 밀알 전시회 준비물 만들기** ■ **독도의 밀알 초대장 만들기(아침시간)** -• 독도의 밀알 전시회 슬로건, 일시, 장소, 초대의 마음을 글과 그림으로 꾸며 카드 완성하기 ■ **독도사랑 논설문 쓰기(자율활동 1시간)** -• 10월 25일 독도의 날 기념 '독도를 배우고 지키자!'라는 주제로 논설문 쓰기 ■ **독도는 우리 땅 플래시 몹 활동하기(체육 1시간)** -• <독도는 우리 땅, 30년> 노래에 맞춰 플래시 몹 동작 연습하기 ■ **홀로 아리랑 연주하기(음악 1시간)** -• <홀로 아리랑>을 리코더로 연주하여 녹음하기
	독도의 밀알 전시회 열기 **[활동소감]** '독도를 배우자! 독도를 지키자!'라는 슬로건을 내걸고 첫발을 내디뎠던 독도의 밀알 동아리 활동들의 발자취를 되돌아보면서 독도에 대한 배움의 깊이와 넓이가 깊고 넓어졌음을 스스로 깨닫게 되었다. 독도에 대해 아는 만큼 독도에 대한 사랑 또한 더욱더 커져 **독도의 홍보대사**이며 **독도의 지킴이**임을 드러낼 수 있는 의미 있는 기회가 되었다.	♣ **독도의 밀알 전시회 개최하기** ■ **준비마당** -• 사전: 독도의 밀알 초대장 각 학급으로 전달하기 • 일시: 2019. 10. 31.(목) 5교시 • 장소: 6-○반 복도와 교실 • 내용: 각 마당 꾸미기 및 역할 분담 정하고 연습하기 ■ **환영마당** • 일시: 2019. 10. 31.(목) 6교시 • 장소: 6-○반 복도와 교실 • 내용: '독도의 밀알 전시회' 타이틀 및 홍보물 전시하기 ■ **알림마당** -• 모둠별로 해설자 2명이 독도 소개하기 ■ **전시마당** -• 독도사랑을 표현했던 다양한 결과물을 전시하기 ■ **영상마당** -• 독도의 밀알 자취를 담은 영상 보여주기 ■ **사진마당** -• 독도의 밀알 활동 모습을 담은 사진 전시하기 ■ **주장마당** -• 독도의 날을 기념하여 독도를 주제로 쓴 글 게시하기 ■ **소감마당** -• 각 마당을 둘러본 후 생각하거나 느낀 소감 적기

환영마당	알림마당	전시마당
영상마당	사진마당	주장마당

교육과정 재구성, 교과의 벽을 넘어서다

나는 사람에 대한 호불호가 뚜렷하고 속으로 삭이는 사람이라 경계가 무너지기 전까지는 오랜 시간 알던 사람일지라도 절대 속마음을 드러내지 않는 편이다. 낯가림이 심하고 정해진 루틴이 깨지면 스트레스를 많이 받기 때문에 모든 사람을 적당한 선에서만 친하게 지낸다. 누군가 간곡하게 불러내지 않으면 나만의 은신처로 숨어버리는 전형적인 동굴형 인간이다.

이런 성향이 그렇게 잘못된 것은 아니지만 교사로서는 치명적 한계를 드러낸다. **교사 개개인의 우수한 능력은 교사 집단의 친화력과 응집력을 통해 성숙하고 성장**하여 학교교육을 바르게 변화시킬 수 있기 때문이다.

교육과정 재구성을 위해서는 교육 현장의 집단지성을 보여주는 학년형 전문적 학습공동체가 필요하다. 아래의 내용은 2017년 4학년 전문적 학습공동체를 중심으로 한 교육과정 재구성 사례이다.

2월 중순이 되면 학년과 학급이 결정된다. 그리고 개학 전 약 2주 정도의 시간이 주어지고 그중 학년별로 출근하는 날이 2일~3일 정도가 된다.

1일째 오전에는 교육과정 재구성에 대한 공감대를 형성하고, 오후에는 외부강사나 내부강사를 통해 교육과정 재구성 사례에 대한 연수를 받는다. 소감을 나누고 인성덕목 중심 교육과정 재구성에 대한 협의 후 **존중과 배려를** 1

학기 주제로 선정한다.

2일째 오전에는 주제와 관련된 교과 성취기준과 교과서를 분석해서 교과별 단원명과 학습주제를 전지에 기재한다. 이때 교사별로 교과를 분담한다. 오후에는 2개 그룹으로 나누어 주제명, 과목, 단원명, 시수, 주요 내용, 아이디어, 평가 등 교육과정 재구성 계획안을 작성한다.

완성된 교육과정 재구성 계획안에 대해 의견을 나누면서 창의적 체험활동과 학년 체험학습 등을 연계하여 보완하고 수정한다.

1학기 존중의 힘! - 의견을 인정하는 우리	1) 사회, 국어, 수학, 체육, 미술, 창체 시간 활용 주제통합 2) 2017. 3. 13. ~ 4. 14.(총 31차시)
1학기 배려의 아름다움! - 다름을 인정하는 우리	1) 국어, 도덕, 음악, 미술, 창체 시간 활용 주제통합 2) 2017. 5. 8. ~ 6. 30.(총 28차시)
2학기 존중의 힘! - 섬에서 살아남기	1) 사회, 국어, 도덕, 미술, 창체 시간 활용 주제통합 2) 2017. 9. 4. ~ 9. 29.(총 23차시)
2학기 배려의 아름다움! - 옛 것과 어울리기	1) 국어, 음악, 미술, 체육, 창체 시간 활용 주제통합 2) 2017. 11. 13. ~ 12. 8.(총 19차시)

매주 동학년 협의 시간을 통해 1학기 교육과정 재구성 세부 사항을 결정하여 교수·학습 활동에 적용하고 과정중심평가를 실시한다. 재구성된 교육과정을 실천하며 알게 된 학생들의 성장과 배움의 특징에 대해 생각을 나눈다.

의견을 인정하는 존중의 힘

'1학기 존중의 힘! - 의견을 인정하는 우리' 주제 중심 교육과정 재구성 계획					
관련 교과 및 단원		주요 내용	시수	재구성 아이디어	평가
사회	3. 민주주의와 주민자치	- 선거의 필요성 알기(1) - 선거 기준과 원칙 알기(1) - 모의 선거하기(3) - 지방자치 알아보기(5) - 지방자치단체 건의하기(2)	12	■ 구청, 구의회 방문 (어려운 경우 다른 단체 알아보기)	모의 선거 관찰 평가
국어	2. 회의를 해요	- 학급회의 필요성 알기(1) - 학급회의 절차 알기(2) - 학급회의 시 주의할 점 알기(1) - 학급회의 하기(2) - 학급회의 결과 점검하기(2) - 우리 마을 발전에 관한 협의하기(2)	10	■ 학급회의 결과를 지방자치단체에 건의하기	학급 회의 동료 평가
수학	6. 막대그래프	- 막대그래프로 표현해요(2)	2	■ 선거결과를 막대그래프로 표현하기	
체육	1. 건강활동	- 안전사고의 원인과 예방 방법 알아보기(2)	2	■ 구청 방문 연계 안전교육 실시하기	
미술	2. 이미지로 소통하기	- 학급회의에 필요한 픽토그램 만들기(2)	2	■ 선거 홍보물 만들기	홍보물 평가
창체	자율활동	- 우리 마을 둘러보기(3)	3		
총 시수				31차시	

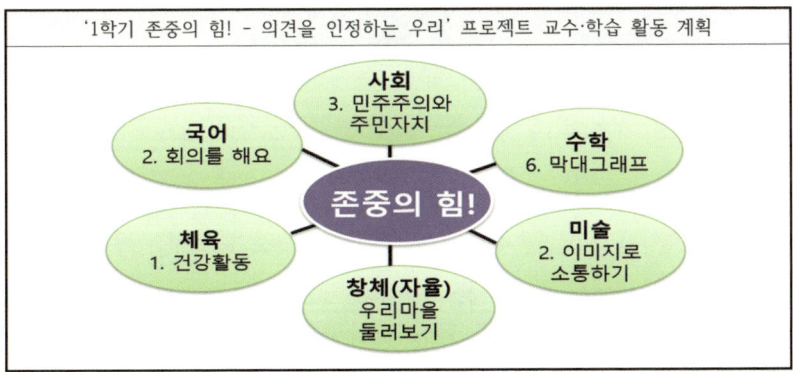

차시	교수·학습 활동		
1	(사회) 선거의 필요성 알기		
2	(사회) 선거 기준과 원칙 알기		
3~4	(미술) 선거 홍보물 만들기		
	공약 3가지 정하기	픽토그램으로 표현하기	■ 내가 만일 지방자치단체장이라면 어떤 공약을 내걸 것인지 생각하여 공약 3가지 정도 생각해 오도록 한다. ■ 4단계 대화를 통해 공약 3가지를 선정하여 선거 홍보물을 만든다.
5~7	(사회) 모의 선거하기		
	모의 선거에 참여하기	당선 증서 수여하기	■ 선거의 4대 원칙인 보통선거, 평등선거, 직접선거, 비밀선거에 대해 살펴보고 본인인증 지장을 찍어 투표한다. ■ 투표 결과 당선자들에게 당선 증서를 수여하고 격려한다.
8~10	(수학) 선거 결과 막대그래프로 표현하기		
11	(국어) 학급회의 필요성 알기		
12~13	(국어) 학급회의 절차 알기		
14	(국어) 학급회의 시 주의할 점 알기		
15~16	(국어) 학급회의 하기		
17~18	(국어) 학급회의 결과 점검하기		
19	(체육) 안전사고 예방 방법 알아보기		
20~24	(사회) 지방자치 알아보기 ★국회의사당 방문		
	국회의사당 방문하기(1)	국회의사당 방문하기(2)	■ 구청과 구의회를 방문하고자 하였으나 학생 대상 교육프로그램이 없고 대중교통 이용의 번거로움이 있어 1학기 학년 현장체험학습으로 국회의사당을 방문했다.
25~27	(창체-자율) 우리 마을 둘러보기		
28~29	(국어) 우리 마을 발전에 관한 협의하기		
30~31	(사회) 지방자치단체 건의하기		
	지방자치단체 건의하기(1)	지방자치단체 건의하기(2)	■ 초등학생 인증 절차가 복잡하여 구청 누리집 사용에 어려움이 생겨 어린이 시청 누리집을 활용하여 건의 사항을 탑재했다. ■ 경찰서를 세워달라는 건의가 제일 많았다.

다름을 인정하는 배려의 아름다움

'1학기 배려의 아름다움! - 다름을 인정하는 우리' 주제 중심 교육과정 재구성 계획					
관련 교과 및 단원		주요 내용	시수	재구성 아이디어	평가
국어	5. 서로 다른 느낌	- 작품에 대한 생각이나 느낌이 다른 까닭 알기(2) - 독서토론 방법 알기(2) - 이야기를 읽고 차례를 지켜 독서토론하기(2) - 시를 읽고 자신의 생각이나 느낌 나누고 표현하기(2) - 함께 읽고 싶은 책을 정하여 읽고 독서토론하기(2)	10	■ 다문화 관련 책을 읽고 독서토론하기	관찰 평가
도덕	2. 다양한 문화, 조화로운 세상	- 다양한 문화를 존중해야 하는 까닭 알아보기(1) - 다문화 사회에서 올바른 생활 태도 살펴보기(1) - 편견과 차별하지 않기(1) - 다양한 문화를 대하는 올바른 태도 실천하기(1)	4	■ 다문화 존중 UCC 만들기	동료 평가
음악	6. 다른 나라의 노래	- 다른 나라 노래 부르기(1) - 다른 나라의 문화를 다양하게 살펴보기(1)	2		
미술	5. 전통문화와 다문화	- 다른 나라를 대표하는 물건 만들기(4)	4	■ 다른 나라의 상징물, 음식 만들기	동료 평가
창체	자율활동 진로활동	- 다른 나라의 문화 알아보기(4) - 다른 나라의 문화 소개하기(4)	8	■ 다문화 축제 개최하기	관찰 평가
총 시수				28차시	

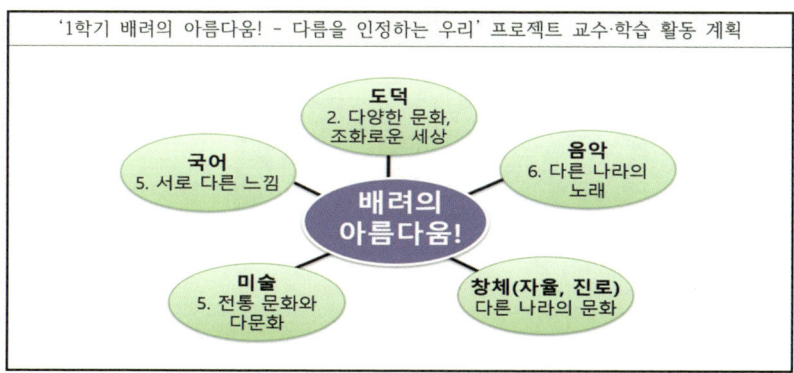

차시	교수·학습 활동		
1~2	(국어) 작품에 대한 생각이나 느낌이 다른 까닭 알기		
3~4	(국어) 독서토론의 방법 알기		
5	(도덕) 다양한 문화를 존중해야 하는 까닭 알아보기		
6~7	(국어) 이야기를 읽고 차례를 지키며 독서토론하기		
8~9	(국어) 시를 읽고 자신의 생각이나 느낌 나누고 표현하기		
10	(음악) 다른 나라의 노래 부르기		
11	(도덕) 다문화 사회에서 올바른 생활 태도 살펴보기		
12~13	(국어) 함께 읽고 싶은 책을 정하여 읽고 독서토론하기		
14	(도덕) 편견과 차별하지 않기		
	다문화 UCC 만들기(1)	다문화 UCC 만들기(2)	■ 다문화 존중 UCC 예시 자료 영상 시청 후 모둠별 콘티를 작성한다. ■ 모둠별로 역할을 정해 영상 촬영 후 편집 프로그램을 활용하여 UCC를 완성한다.
15	(음악) 다른 나라의 문화를 다양하게 살펴보기		
16~17	(창체-자율) 다른 나라의 문화 알아보기		
	다른 나라 문화 조사하기	다문화 존중 소책자	■ 모둠별로 맡은 나라의 문화를 조사한다. ■ 상징물과 의식주를 조사한 내용과 가면 및 의상을 디자인하기 위해 협의한 내용을 다문화 존중 소책자에 정리한다.
18~21	(미술) 다른 나라를 대표하는 물건 만들기		
22~23	(창체-자율) 다른 나라의 문화 소개하기(1)		
	다른 나라 문화 발표하기	여권 소책자	■ 모둠에서 2명은 모둠을 방문한 친구에게 모둠이 조사한 나라를 소개한 후 여권에 도장을 찍어준다. 나머지 2명은 다른 모둠을 방문한다. 역할을 서로 바꾸어 진행한다.
24~27	(창체-진로) 다른 나라의 문화 소개하기(2)		
	다문화 축제 참여하기(1)	다문화 축제 참여하기(2)	■ 1교시에는 학급 대표 다문화 존중 UCC 우수작을 시청한다. ■ 2교시에는 다문화 축제 준비를 한다. ■ 3교시~4교시에는 강당에 깔린 레드카펫에서 다문화 패션쇼를 실시한다.
28	(도덕) 다양한 문화를 대하는 올바른 태도 실천하기		

피드백만큼 성장하는 과정중심평가

과정중심평가를 하면 자연스럽게 교육과정 재구성이 이루어진다. 과정중심평가를 하기 위해 실생활 문제들을 평가 장면으로 끌어오다 보니 당연하게 교육과정-수업-평가의 일체화가 되는 것이다.

과정중심평가는 일회적인 평가 후 결과 통보로 끝나는 것이 아니라 학생의 발달을 지속적으로 관찰하고 그에 따른 피드백을 제공하여 더 나은 성장을 위한 학습의 일환으로서 평가가 이루어진다.

존중의 힘으로 섬에서 살아남기

'2학기 존중의 힘! - 섬에서 살아남기' 주제 중심 교육과정 재구성 계획			
재구성 의도	■ 동학년 전문적 학습공동체를 통해 2학기 교육과정을 재구성하면서 초등학교 사회과에서 처음으로 경제 영역이 다루어지는데 주요 개념과 내용을 단순히 암기하는 지루한 수업으로 진행될 수 있다고 생각했다. 이에 학생들의 경험과 생활 속에서 흥미와 관심을 일으킬 수 있는 내용과 학생들의 사고력을 자극할 수 있는 적절한 탐구 상황을 선정하여 교육과정을 재구성했다.		
성취기준	(사4081-2)	경제 활동에서 합리적인 선택을 위해 고려해야 하는 기준을 제시할 수 있다.	
	(사4082)	생산 활동의 종류를 조사하고 각 활동의 의미와 중요성에 대해 설명할 수 있다.	
	(사4083-2)	소비자 권리의 의미를 이해하고 소비자 권리를 행사하는 절차와 방법을 설명할 수 있다.	
	(도442)	환경 보호와 녹색 성장의 중요성을 종합적으로 이해하고 환경 보호 및 녹색 성장을 위한 활동을 실천할 수 있다.	
	(미4222)	재료와 용구에 따른 표현 방법을 알아보고 표현할 수 있다.	
통합목표	■ 기본적인 경제생활의 특징을 이해하고 합리적인 생산 활동과 소비 활동의 방법을 활용하여 얻게 된 생존물품에 대해 발표할 수 있다.		
관련 교과 및 단원		주요 내용	시수	비고
사회	1. 경제생활과 바람직한 선택	- 생산 활동의 의미와 종류 알아보기(2) - 생산 활동의 모습을 알아보고 기준에 따라 분류하기(5) - 바람직한 소비 활동 방법 알아보기(3) - 합리적인 생산 활동과 소비 활동 설명하기(2)	12	갯벌 체험(3) 포함
국어	1. 이야기를 간추려요	- 이야기를 읽고 내용 간추리기(3)	3	
도덕	6. 내가 가꾸는 아름다운 세상	- 자연 사랑과 환경보호하기(2)	2	
미술	1. 재료를 자유롭게	- 재료와 표현의 효과 탐색하기(2) - 콜라주로 표현하기(2)	4	
창체	자율활동	- 학급회의 하기(2)	2	
총 시수				23차시

'2학기 존중의 힘! - 섬에서 살아남기' 프로젝트 교수·학습 활동 계획

구분	주	차시	과목	단원명(차시)	교수·학습 활동	평가 활동
주제 결정 하기	3	1	도덕	6단원 (1/4)	- 자연과 인간과의 관계 생각하기	서술형 평가
		2~4	국어	1단원 (7~9/11)	- <캐스트 어웨이> 영상이나 『무인도에서 살아남기』 등의 글을 읽고 내용 간추리기 - 환경이 오염된 지구의 치유시간 안내하기	
주제 탐구 하기	4	5~6	사회	1단원 (5~6/16)	- 생산 활동의 뜻과 생산에 필요한 요소 알아보기	
		7	창체	자율활동 (1/2)	- 학교생활 중 생산 활동 종류 6가지 정하기	
		8	도덕	6단원 (2/4)	- 학교생활 중 생산 활동 관련 체크리스트 작성하기	자기평가 동료평가
		9~13	사회	1단원 (7~11/16)	- 섬에서 살아가는 데 필요한 의식주 관련 생산 활동 구상 및 갯벌 체험하기	
	5	14~18	사회	1단원 (12~14/16)	- 섬에서의 생존물품 만들기(생산 활동) - 필요물품 구입하기(소비 활동) - 용돈기입장 작성하기	
			미술	1단원 (3~4/6)		
		19	창체	자율활동 (2/2)	- 모둠 배에 싣게 될 생존물품 선택하기	
주제 표현 하기	6	20~21	미술	1단원 (5~6/6)	- 섬에서 가져갈 생존물품을 실은 모둠 배를 콜라주로 표현하기	관찰평가
		22~23	사회	1단원 (15~16/16)	- 모둠 배에 실은 생존물품 발표하기 - 합리적인 생산 활동과 소비 활동의 중요성 평가하기	서술형 평가

'2학기 존중의 힘! - 섬에서 살아남기' 프로젝트 과정중심평가 계획	
	자연을 함부로 대하는 인간들의 잘못된 행동으로 지구가 심한 고통을 겪게 되었습니다. 이대로 두면 지구는 멸망하게 되지만 지구는 스스로 되살아나는 능력이 있습니다. 다행히도 과학자들의 끈질긴 연구로 지구에서 아직 오염되지 않은 하나의 섬을 발견했습니다. 우리는 이 섬에서 다시 깨끗해진 지구로 돌아갈 때까지 자연과 어울려 생존해야 합니다.(**목표**)
섬으로 출발하기 위해 남은 시간은 2주일…. 이 시간 동안 섬에서 생존할 물품을 구하기 위한 노력이 필요합니다.(**상황**) 섬으로 가져갈 생존물품을 만들거나 구입해서 철저하게 준비한 후 배를 타고 섬을 향해 출발할 예정입니다.(**역할**)
생존물품은 환경 보호 포인트를 쌓은 후 다른 친구가 만든 것을 사거나 자기가 직접 재료를 구입해서 만들 수도 있습니다.(**기준**) 섬으로 떠나기 전 준비한 생존물품은 어떤 목적으로 그리고 어떤 방법으로 준비했는지 친구들에게(**청중**) 소개합니다.(**결과물**)
목표(Goal)	■ 합리적인 생산 활동과 소비 활동의 중요성 알기
역할(Role)	■ 섬으로 가기 위해 필요한 생존물품 싣기
청중(Audience)	■ ○○○○초등학교 4학년 ○반 학생들
상황(Situation)	■ 환경오염으로 자생적 치유가 필요한 공간에서 잠시 떠나 과학자들이 발견한 섬에서 생활하기
결과물(Product)	■ 모둠 배에 실은 생존물품을 협동작품으로 완성하고 소개하기
기준(Standard)	■ 생존물품을 구입하기 위한 생산 활동하기 ① 환경보호 포인트 쌓기(가정, 학교) ② 생존물품을 만들 재료 구입해서 만들기 ■ 생존물품을 구입하기 위한 소비 활동하기 ① 개인별로 소비 활동하기 ② 모둠별로 소비 활동하기 ■ 모둠 배에 싣게 될 생존물품을 결정하고 콜라주로 표현하기 ■ 생존물품을 소개하고 현명한 선택과 아쉬운 선택에 대해 토의하기

※ 평가 방법 (□-교사, ▨-학생 칸에 스스로 ∨ 표시를 하세요.)

평가요소 \ 단계	잘함	보통	노력 요함
주제 결정하기	사건의 흐름에 따라 내용을 간추리고 프로젝트에서 수행할 기본적인 경제 활동의 특징을 잘 파악한다.	사건의 흐름에 따라 내용을 간추리고 프로젝트에서 수행할 기본적인 경제 활동의 특징을 이해한다.	내용을 간추리거나 프로젝트에서 수행할 기본적인 경제 활동의 특징에 대한 이해가 부족하다.
주제 탐구하기	환경 보호 생산 활동을 꾸준하게 실천하고 생존물품을 준비하는 생산 활동과 소비 활동에 적극적으로 참여한다.	환경 보호 생산 활동을 실천하고 생존물품을 준비하는 생산 활동과 소비 활동에 참여한다.	환경 보호 생산 활동 실천이 미흡하고 생존물품을 준비하는 생산 활동과 소비 활동에 소극적으로 참여한다.
주제 표현하기	생존물품을 실은 모둠 배를 콜라주로 잘 표현하고 합리적인 생산 활동과 소비 활동의 중요성이 드러나게 효과적으로 설명한다.	생존물품을 실은 모둠 배를 콜라주로 표현하고 합리적인 생산 활동과 소비 활동의 중요성이 드러나게 설명한다.	생존물품을 실은 모둠 배를 콜라주로 표현하고 합리적인 생산 활동과 소비 활동의 중요성이 드러나게 설명하는 능력이 부족하다.

※ 그 밖의 평가 방법
 (프로젝트 과정에 참여한 학생들의 소감문, 프로젝트 과정에 참여한 학생들의 모습 관찰)

3.
오래 붙잡은 수업,
깊은 고민이 남긴 것들

■ ★ ● ▲

왕도가 없는 수업, 나만의 방법을 찾다

밀알반을 10년 동안 운영한 중간 평가의 의미로 도전했던 인성교육실천사례연구발표대회와 수업연구발표대회에서 1등급을 수상했다.

상장으로 학급운영을 평가하는 것은 타당성, 신뢰성, 객관성 등과 전혀 무관한 것이지만 나태해지려는 마음을 추스르며 치열하게 해내고자 하는 동기가 되었다.

같은 학년이라도 교육공동체 상황에 따라 천차만별의 양상이 나타난다. 교사와 학생들이 신나고 즐거운 수업을 위해서는 놀이를 포함한 다양한 수업활동에 대한 연구가 필요했다.

전국초등교육연구대회는 학교 현장의 실천적 연구를 통해 학교교육 발전과

교원의 전문성 신장에 기여하는 것을 목적으로 한다.

시·도 대회를 거치지 않는 전국규모의 연구대회로 출품 부문은 △ 학교·학급경영 아이디어 연구 △ 교수·학습 지도안 개발연구 △ 평가자료 개발연구 △ 인성교육 및 창의적 체험활동 자료 개발연구이다.

추진
일정
(2025)
	1) 연구계획서 제출: 별도 제출하지 않음
	2) 연구보고서 접수: 2025. 8. 1. ~ 8. 7.
	  ※ 제출서류
	    ① 출품신청서 1부
	    ② 제본된 연구보고서 1부
	    ③ 연구보고서 hwp 파일 또는 PDF 파일 1점(USB 등 저장장치에 담아 제출)
	      - 파일명: 성명_생년월일(숫자6자리)_소속학교_연구주제명[○○부문]
	    ④ 비회원 참가비(90,000원) 납부
	3) 예비심사: 2025. 8월 말
	4) 본심사: 2025. 9월 중
	5) 심사 결과발표: 2025. 10월 초(예정)

보고서
제출
(2025)
	△ 교수·학습 지도안 개발연구
	- 연구대상 기간은 2024학년도 1학기, 2학기 또는 1학기~2학기 및 2025학년도 1학기를 선택할 것
	- 한 학년, 한 교과를 선택하여 교수·학습 지도안을 창의성 있게 작성할 것
	- 수업연구안(세안)을 5차시분 이상이 되도록 작성할 것
	- 연구물은 반드시 '한글파일'의 'A4' 규격으로 작성하고 용지로 출력된 원본 1부를 양면 컬러 인쇄, 좌철·제본하여 제출함(스프링철 금지)
	- 출력물과 동일한 내용의 파일을 USB 등 저장장치에 담아 함께 제출할 것
	- 연구물의 분량은 반드시 50쪽 이내일 것(별도의 부록은 불허함)
	  ※ 겉·속표지, 요약서, 목차는 분량에서 제외
	  ※ 편집용지: 상·하·우 여백 20, 좌 여백 25
	  ※ 본문글자: 들여쓰기 10, 휴먼명조 11, 줄 간격 140%
	  ※ 연구보고서 본문(속표지 및 내지)에는 소속 및 직위, 성명 등 인적 사항을 기재하지 않도록 함(겉표지에는 기재)

부문		심사기준	배점	총점
심사 기준	학교·학급경영 아이디어 연구	① 학교·학급경영목표 달성을 위한 주제·계획 ② 학교·학급경영 방법의 적절성 ③ 학교·학급경영을 위한 창의적 실천(참신성) ④ 현장 실천 활용도(현장 적용성)	30 20 30 20	100
	교수·학습 지도안 개발연구	① 교육과정의 심화도 ② 교수학습에의 활용 등 실제적 기여 ③ 창의적 개발성(참신성) ④ 자료개발 방법의 적절성	30 30 20 20	100
	평가자료 개발연구	① 교수·학습에의 활용도(현장 적용성) ② 평가자료 내용의 심화도 및 창의성 ③ 평가기준의 타당성(수준별, 수행평가 등) ④ 자기주도 학습능력에의 기여도	30 30 20 20	100
	인성교육 및 창의적 체험 활동자료 개발연구	① 주제 선정의 적절성 ② 활동시간의 현장 활용도(실제적 기여도) ③ 연구내용의 참신성 ④ 개발 자료의 적용성(적용 학년의 범위)	30 30 20 20	100

한국교원단체총연합회 누리집(http://www.kfta.or.kr) 종합자료실 메뉴의 전자도서관에서 연구대회 입상작을 살펴보고 교사가 지원한 △ 교수·학습 지도안 개발연구 부문에서 놀이와 활동 중심 수업이라는 주제와 관련이 있거나 수업 방향을 결정하는 데 도움이 되는 우수작품 3개를 선정한다. 3번 이상 정독한 후 자신만의 보고서 전체 흐름인 표지 제목, 주요 제목, 교수·학습 지도안 개발 계획을 작성한다.

아래의 내용은 필자가 초등학교 1학년을 대상으로 실천한 2009년 제46회 전국초등교육연구대회 보고서(전국 2등급 수상)를 참고한 사례이다.

표지 제목	△ 교수·학습 지도안 개발연구 부문 놀이와 활동 한 줌으로 기본생활관 신장을 위한 대화학습 모형Ⅱ 지도안 - 1학년 1학기 바른생활과 -
주요 제목	제1부 기본생활습관 신장을 위한 지도안 개발의 이론적 탐색 Ⅰ. 바른생활과 교수·학습 지도안 개발의 개요 Ⅱ. 바른생활과 교수·학습 지도안 개발의 이론적 배경 Ⅲ. 바른생활과 교수·학습 지도안 개발의 방향 제2부 기본생활습관 신장을 위한 지도안 개발의 실제 Ⅳ. 바른생활과 교수·학습 지도안 개발의 실제 [세안①] 칭찬 나눔 놀이와 활동을 담은 대화학습 모형Ⅱ 지도안 [세안②] 이야기 나눔 놀이와 활동을 담은 대화학습 모형Ⅱ 지도안 [세안③] 교육연극 놀이와 활동을 담은 대화학습 모형Ⅱ 지도안 [세안④] 가상뉴스 놀이와 활동을 담은 대화학습 모형Ⅱ 지도안 [세안⑤] 물레방아 놀이와 활동을 담은 대화학습 모형Ⅱ 지도안 제3부 놀이와 활동 한 줌으로 신장된 기본생활습관 Ⅴ. 바른생활과 교수·학습 지도안 개발의 후기

교수·학습 지도안 개발 계획	단원	차시	대화 주제 및 활동 내용	놀이와 활동
	1. 즐거운 학교생활	4/4	■ 학교에서 지켜야 할 규칙 실천하기	칭찬 나눔
	- 학생들은 수업 시간에 교사가 누군가를 소개하거나 칭찬하는 것을 들으면서 칭찬 대상에 대한 존경심과 부러움을 동시에 갖게 된다. 대개 경우 자신도 칭찬받는 대상이 되려고 노력하게 된다. 1차시~3차시를 통해 학교생활에서 지켜야 할 규칙을 실천하기 위해 노력한 과정에 대한 칭찬을 서로 나눈다. 이러한 활동은 자신의 생활을 돌아보는 기회를 제공하고 실천 의지를 강화한다.			
	단원	차시	대화 주제 및 활동 내용	놀이와 활동
	2. 스스로 잘해요	4/4	■ 학교와 집에서 스스로 할 일 실천하기	이야기 나눔
	- 인간은 본래 이야기하는 존재이다. 우리는 이야기 속에서 살아가고, 그 이야기를 토대로 삶을 이해한다. 이야기 형식은 타인의 삶과 행동을 이해하는 데 적절하다. 따라서 교사는 학교에서 스스로 할 일과 집에서 스스로 할 일을 제대로 수행하지 못하는 상황을 이야기로 재구성하여 학생들에게 들려준다. 그 후 자신의 경험을 발표하는 과정을 거쳐 올바른 행동을 수행하는 상황으로 이야기를 완성하여 행동으로 표현하게 한다.			
	단원	차시	대화 주제 및 활동 내용	놀이와 활동
	3. 가족은 소중해요	4/4	■ 식사 예절 실천하기	교육연극
	- 교육연극은 학생들의 즉흥연기에 의해 만들어지는 격식 없는 연극형식이다. 이는 학생들의 마음을 열어 감각을 훈련하고 풍부한 상상력을 통해 창의력을 증진하는 데 효과적이다. 식사할 때의 바른 자세와 예절에 대해 배운 내용을 모둠 친구들과 연극으로 표현하도록 한다. 하지만 초등학교 저학년은 아직은 미숙한 부분이 많아서 모둠별로 상황에 따른 대본을 사전에 제시해 주어 자신감을 심어준다.			

단원	차시	대화 주제 및 활동 내용	놀이와 활동
4. 바른 자세	4/4	■ 바른 자세 실천하기	가상뉴스

- 살아 숨 쉬는 현장 이야기를 생동감 있게 전할 수 있는 가장 강력한 매체가 뉴스이다. 이 뉴스 형식으로 주어진 학습 과정에 따라 주요 앵커, 보조 앵커, 취재 기자 등으로 역할을 정하여 발표한다. 3차시까지 배웠던 바른 자세의 좋은 점과 바르게 앉고 서고 걷는 방법을 상기시킨 후 모둠별 바른 자세왕을 소개하는 가상뉴스를 진행한다.

단원	차시	대화 주제 및 활동 내용	놀이와 활동
5. 사이좋은 친구	4/4	■ 친구와 사이좋게 지내기 위한 계획을 세우고 실천하기	물레방아 대화

- 학생들이 안쪽과 바깥쪽 2개의 동심원을 만들어 둘러선 후 서로 얼굴을 마주 보는 물레방아 대화는 학생들 상호 간에 개인적인 정보를 나누거나 학습한 내용을 짧은 시간 내에 복습하기에 뛰어난 장점이 있다. 물레방아 자리로 모여 친구에게 부탁하고 친구를 칭찬하며 친구와 화해하는 대화를 나누면서 친구와 사이좋게 지내기 위한 마음을 다짐하도록 한다.

전체 흐름이 완성되면 수업활동을 담을 수 있는 보고서의 틀을 구상한다. 1개의 세안 분량을 10쪽으로 한다. 예를 들어 [세안⑤] 물레방아 놀이와 활동을 담은 대화학습 모형Ⅱ 지도안의 경우 단원의 분석, 단원의 목표와 구성, 단원의 연계, 학생 실태 파악, 단원의 평가, 단원 지도상의 유의점을 포함해서 3쪽, 수업 진행 계획 1쪽, 교수·학습 지도안 5쪽, 수업 후기 1쪽으로 총 10쪽이 된다.

물레방아 놀이와 활동을 적용한 수업 진행 계획

| 물레방아 놀이와 활동 ① 이야기보따리 펼치기 | → | 물레방아 놀이와 활동 ② 물레방아 대화 나누기 | → | 물레방아 놀이와 활동 ③ 콩깍지 상장 수여하기 |

단계	과정	중점 내용	사진으로 보는 수업 흐름	
활동 준비 단계	동기유발	<뚱보와 홀쭉이> 노래를 부르며 길모퉁이에서 부딪히는 상황에서 뚱보와 홀쭉이가 싸우게 되고 웃게 된 이유를 생각해 보게 한다.		
대화와 활동 단계	이야기보따리 펼치기	<이야기 나라> 노래를 신나게 부르며 이야기 자리에 모여 앉아 교사가 펼치는 이야기보따리의 내용을 주의 깊게 듣는다.		
	물레방아 대화 나누기	물레방아 자리로 모여 대화 약속 3가지를 외친 후 친구에게 부탁하기, 친구를 칭찬하기, 친구와 화해하기 중에 1개 이상 선택하여 대화를 나눈다.		
	콩깍지 상장 수여하기	좋은 친구가 되기 위해 노력하는 친구에게 주는 상장을 정성껏 만든 후 친구를 찾아가서 상장을 읽고 전해주며 악수한다.		
활동 정리 단계	학습정리	배운 내용을 생각하며 좋은 친구가 되기 위해 노력할 점을 발표한 후 다음 시간 '위대한 배움상'의 주인공을 확인한다.		

되돌아보며~

손 유희 동작을 매우 재미있어 해서 자주 부르던 <뚱보와 홀쭉이> 노래를 활용하였다. 노래 속에 등장하는 뚱보와 홀쭉이가 1절에서는 왜 서로 화를 냈는지, 2절에서는 왜 서로를 바라보며 웃게 되었는지를 생각하여 발표하도록 하였다. 단순히 노래만 부르는 것이 아니라 노래를 통해서도 친구와 사이좋게 지내는 방법에 대한 이야깃거리를 찾을 수 있다는 생각에 큰 관심을 보이며 적극적인 학습 의욕을 드러냈다.

이야기 자리로 모여 앉아 과연 이야기보따리에 무엇이 들어 있을지 호기심 어린 눈빛으로 바라보는 모습이 사랑스러웠다. 화려하고 큰 물건이 아닌 그림 카드를 꺼냈을 뿐인데도 학생들의 반응은 생각했던 것보다 더 뜨겁고 열정적이었다.

물레방아 대화를 위한 약속 3가지 가운데 머리 위로 양손을 올려 하트 모양을 만든 후 '사랑해요!'라는 인사를 하니 어김없이 쑥스러움과 함께 환호성이 교실 여기저기에 메아리쳤다.

좋은 친구가 되기 위해 노력하는 친구에게 상장을 만들어 직접 친구를 찾아가 상장을 읽어주니 상장을 주는 친구와 받는 친구 모두 얼굴에 웃음꽃이 활짝 피었다.

단박에 정리하는 복잡한 교수 · 학습 모형

 2008년 교육과학기술부는 교사의 수업 전문성 함양을 위해 수업연구를 장려하고 그 결과에 대해 심층적인 분석 수행을 권장했다. 이후 각 교육청에서는 우수수업 동영상을 현장 교사에게 공유하게 되었다.
 우수수업 동영상은 교수 · 학습 과정안, 수업자료, 수업 아이디어 등을 제공하여 교원의 수업능력 신장으로 공교육 경쟁력을 강화하는 것이 목적이다.

 이렇게 공인받은 우수수업에 대한 부정적인 시선도 많다. 현장 교사들은 우수수업을 오랜 시간 공들여 완성한 하나의 예술 작품으로 바라보고 일반적인 수업에 적용하기 어렵다는 생각을 많이 한다.
 하지만 우수수업 동영상을 교과별로 적용될 수 있는 일반화된 교수 · 학습 모형 습득에 초점을 두어 활용한다면 수업에 대한 안목을 기르게 될 것이다. 단, 각 교육청에 따라 일정 및 내용이 다를 수 있다.

구분		세부 일정	시기
추진 일정	1. 우수교사 선정	- 시교육청으로부터 수업 동영상 자료개발을 위한 우수교사 추천 - 우수수업 동영상 선정위원회에서 결정	3월 초
	2. 수업 동영상 자료개발 워크샵	- 수업 동영상 제작 정보 및 콘티 작성, 연출 기법 연수 - 동영상 자료 제작 지침 연수 - 저작권 관련 연수 - 수업 동영상 촬영 일시 결정	3월
	3. 수업 동영상 개발을 위한 지도	- 지도안 작성, 학습모형 컨설팅, 교수법, 콘티 작성, 촬영 등	4월~9월
	4. 수업 동영상 자료개발을 위한 서류 제출	- 동영상 제작용 수업지도안 제출 - 수업 동영상 콘티 제출 - 수업 동영상 제작 정보 제출	4월
	5. 수업 동영상 촬영	- 촬영 일정에 맞게 실시	5월~9월
	6. 수업 동영상 시연 협의회	- 동영상 1차 자료 제작 자료 시연 - 수업 동영상 자료개발 작품 평가 협의회를 통해 문제점 협의 및 자료 보완	7월
	7. 수업 동영상 검토 협의회	- 수업 동영상 화면 구성 및 자막 오류 검토 - 편집 부분의 수정 요구 검토	7월~10월
	8. 우수수업 동영상 제작 완료	- 제작 완료 후 각 수업별 영상 편집	10월
	9. 자료탑재, 최종 평가 및 활용 관련 협의	- 자료탑재 ※ 에듀넷 티클리어(www.edunet.net) 연구 메뉴의 우수수업 동영상 - 수업 동영상 자료개발 작품 평가 협의회를 통한 자료 제작 평가 및 활용 관련 협의	11월
	10. 활용 홍보	- 수업 동영상 개발 자료 활용 홍보 - 공문으로 시행	12월

교과의 특성이 잘 드러나고 수업목표 달성이 수월한 교수·학습 모형을 선택하여 교수·학습 과정안을 작성한다. 이를 바탕으로 수업 모습이 구체적으로 드러나게 콘티를 짠다. 사전에 학부모 동의서를 받고 학생들이 맡은 역할을 수시로 점검한다.

담당 PD와의 사전모임을 통해 콘티 체크 후 수업 상황에 따른 다양한 요소를 고려하여 수업을 촬영한다. 마지막으로 스튜디오에서 교사 인터뷰를 하고 나서 단계별 오류 사항을 수정하여 최종본을 완성한다.

아래의 내용은 필자가 2013년 초등학교 2학년을 대상으로 우수수업 동영상 개발에 참여한 바른생활과 수업을 음성 문자로 옮겨 적은 콘티 일부이다.

여름철 해충의 피해를 예방하는 방법 알아보기 - 활동 중심 대화학습 모형 -				
학년 및 학기	초등학교 2학년 1학기	단원명	(여름2) 1. 곤충과 식물	
NO	구분	비디오	오디오	비고
#1	프롤로그1	- 학생들이 밀알반 구호를 힘차게 외치는 모습 (팁) 자막 : 밀알반 구호 나! 너! 우리 18기 밀알! 오~ 예~ 나(긍정), 너(배려), 우리(최선)라는 교육방침에 따라 교육활동이 진행되는 밀알반의 전통적인 구호임 (팁) 자막 : 배움 다짐 나는 여름공부를 잘 할 수 있다. 나는 여름공부가 즐겁다. 나는 날마다 모든 면에서 점점 더 좋아지고 있다. 수업의 시작과 함께 교사와 학생들이 번갈아 가며 외치는 수업 약속임	(대) 학습단계 표시 (중) 학습요소 표시 (소) 교사의 스튜디오 촬영 시 표시 (팁) 수업팁 표시 <성우 멘트> 수업자가 교단에 첫발을 내딛던 해를 시작으로 긍정, 배려, 최선 교육방침으로 1기 밀알반이 시작되어 현재 18기 밀알반까지 이어지고 있습니다. 축복을 받기 위해 태어난 소중한 나(긍정), 따스한 배려 안에서 바라본 사랑스러운 너(배려). 너랑 나랑 하나 되어 느끼는 행복한 우리(최선)라는 의미를 담은 구호와 반가운 역사와 전통을 자랑하는 밀알반의 특별한 자랑이며 자부심이 되고 있습니다.	영상
#2	프롤로그2	• 인터뷰 - 의자에 앉아서 촬영 • 수업 의도 제안 (소) 자막 : 초등학교 교사 ○○○	T 흔히들 '세 살 버릇이 여든 간다.'라는 말을 자주 하는데 이것은 어릴 때의 습관이 평생을 좌우하므로 어려서부터 좋은 버릇을 가질 수 있도록 도와주어야 한다는 의미라고 볼 수 있습니다. T 하지만 실제 교실 현장에서는 교과서를 읽고 문답 과정을 몇 번 거친 후 답을 적고 발표하는 학생들의 무표정한 얼굴을 접하는 것이 일상적인 모습입니다.	인터뷰

		(소-2줄) 대화학습 모형이란? - 대화와 활동에 의한 학습자 중심의 교육을 지향하는 교수·학습 방법 (소) 자막 : - 활동의 준비 - 대화와 활동 - 활동의 정리	[T]대화학습 모형이란 구경꾼이나 방관자가 하나도 없이 모든 학생이 학습의 주체자가 되어 친구들의 의견을 존중할 줄 알고 공동의 문제를 해결해 나가는 능력과 태도를 길러주는 교수·학습 방법입니다. [T]본시에 적용된 활동 중심 대화학습 모형 II 은 활동의 준비 ▭ 대화와 활동 ▭ 활동의 정리 의 3단계 절차에 따라 진행됩니다.	인터뷰
#3	오프닝	(소-2줄) 활동 중심 대화학습으로 기본생활 습관 키우기 - 여름철 해충의 피해를 예방하는 방법 알아보기	[T]본 수업의 목표는 활동 중심 대화학습 모형을 적용하여 2학년 학생들이 여름철 해충의 피해를 예방하는 방법을 알아보는 것입니다.	인터뷰
#4	서브타이틀1	• 동기유발 - 수업 장면 중 한 장면을 배경 그림으로 깔기 (대) 자막 : 활동의 준비	<성우 멘트> 활동의 준비 단계에서는 다양한 여름철 곤충들에 대한 이름 대기 놀이를 하며 전시학습을 상기합니다. 그 후 물음에 알맞은 곤충을 알아맞히는 퀴즈 놀이를 통해 우리의 건강을 해치는 여름철 해충을 찾아보면서 이번 시간에 공부할 문제를 인지하게 합니다. 또한, 정해진 공부할 문제를 해결하기 위한 단계별 활동을 제시하고 그 학습방법을 안내합니다.	영상
#5	동기유발 및 전시학습 상기 (5분)	• 화면 상단의 자막 : 활동의 준비 (중) 자막 : : 동기유발 및 전시학습 상기	[T]01: 우리 함께 <비가 온다> 노래를 신나게 부르며 여름철 날씨를 떠올려 보도록 해요. [S]01다같이: (<비가 온다> 노래를 즐겁게 신나게 부른다.) [T]02: 여름철 날씨는 어떤 특징이 있나요? [S]02한○호: 무척 덥고 습기가 많아요. [S]03조○연: 끈적끈적해서 짜증이 나요. [S]04전○웅: 소나기가 갑자기 내려요. [T]03: 그렇지요. 여러분들이 말한 여름철 날씨의 특징으로 인해 다른 계절에 비해 여러 종류의 곤충들이 살기에 좋은 환경이 되는 거예요.	

#5		(팁) 돌림판 6개의 모둠 이름과 모둠원들의 역할명이 적혀 있으며 무작위 발표자 선발을 위한 뽑기 자료임	ⓣ04: 여기서 잠깐! 지난 시간에 배운 여름철 곤충에는 무엇이 있는지 이름 대기 놀이를 하겠어요. 여름철 곤충 10마리입니다. 여름철 곤충에는? ⓢ05다같이: (손뼉을 치며) 잠자리도 있고, 바구미도 있고, 노린재도 있고, 나비도 있고, 무당벌레도 있고, 반딧불이도 있고, 장수풍뎅이도 있고, 매미도 있고, 사슴벌레도 있고, 대벌레도 있지요. ⓣ05: (곤충 놀이판을 열며) 여러분들이 말한 여름철 곤충들이 여기에 다 있네요. 그런데 3곳이 비어 있는데 이곳에 자리할 곤충은 과연 누구일까요? 돌림판으로 찾아보겠어요. ⓣ06: 1번 그림이에요. 저를 잡는 것은 쉬운 일이 아니에요. 저는 음식물 위에 앉는 것을 좋아하지요. 저는 다리를 자주 비비곤 해요. 나는 누구일까요? ⓢ06다같이: (답을 짐작한 사람은 머리에 손을 올리고 조용히 기다린다. 돌림판에 표시된 모둠원들이 함께 정답을 외친다.) 파리예요! ⓣ07: 2번 그림이에요. 저는 습기가 많고 따뜻한 곳에 살아요. 저는 온갖 더러운 곳을 돌아다니며 병균을 옮기지요. 요즘 저를 잡으려고 하는 약이 많이 생겨서 괴로워요. 나는 누구일까요? ⓢ07다같이: (답을 짐작한 사람은 머리에 손을 올리고 조용히 기다린다. 돌림판에 표시된 모둠원들이 함께 정답을 외친다.) 바퀴벌레예요! ⓣ08: 3번 그림이에요. 저는 땀 냄새를 좋아해요. 그래서 저는 안 씻는 사람을 좋아하지요. 저는 사람들의 피를 빨아먹고 살아요. 나는 누구일까요? ⓢ08다같이: (답을 짐작한 사람은 머리에 손을 올리고 조용히 기다린다. 돌림판에 표시된 모둠원들이 함께 정답을 외친다.) 모기예요! ⓣ09: (곤충 놀이판을 가리키며) 여러분들이 찾은 파리, 바퀴벌레, 모기는 (곤충 놀이판을 닫으며) 우리의 건강을 해치는 곤충들이지요. 이러한 곤충들을 무엇이라고 부를까요? ⓢ09염○웅: 해충이라고 해요.	
#6	학습 문제 확인 및 학습 방법	(중) 자막 : 학습문제 파악하기 (중) 자막 : 학습내용 및 학습방법 안내하기	ⓣ10: 그래요. 해충이라고 하지요. 지금까지 우리는 <비가 온다> 노래를 부르며 여름철 날씨의 특징을 살펴보았고, 여름철 곤충들 가운데 해충을 찾아보았어요. 그럼, 이번 시간에 무엇을 공부하여 좋을지 이 빈칸을 채워서 학습문제를 찾아볼까요?	㉑ 학습 문제 판

두려움을 넘은 수업공개, 선도교사가 되다

다양한 연구 수업을 참관하는 것은 좋은 수업을 위한 교사의 성취동기 강화에 매우 효과적인 방법이다. 수업 참관의 기회가 많아질수록 성공적인 참관 노하우가 생긴다.

제일 먼저 배부된 교수·학습 과정안을 면밀하게 검토한다. 단원목표에 따른 본시의 학습목표가 구체적이고 적절한지, 시간 배당 및 학습활동 등의 지도 계획이 타당한지, 학습내용 및 학습활동 등이 분명하게 밝혀져 있으며 서로 관련되어 있는지, 본시의 학습목표에 부합하는 평가가 작성되었는지, 과정안 곳곳에 숨어있는 수업자의 의도는 무엇인지를 살피게 된다.

특히 연구 수업을 참관할 때에는 연구 수업의 목표, 방법 등을 비롯하여 해당 학급에 대한 여러 조건을 파악하고 주안점을 두어 관찰한 내용을 반드시 기록한다.
수업 후 협의회에 꼭 참석하여 관심이 있는 영역이나 공감하는 문제의 해결 방법을 찾기 위해 함께 의견을 나눈다.

교사가 자신의 수업을 공개하는 것은 쉽지 않기 때문에 연구 수업 참관의 기회를 얻는 것 역시 어려운 일이다. 그래서 각 교육청에는 우수수업 공개 및 연수를 통해 수업개선의 선도적 역할을 하는 수업개선 선도교사를 선정하여 운영하고 있다. 단, 각 교육청에 따라 명칭, 일정, 내용 등이 다를 수 있다.

수업개선 선도교사로 위촉이 되면 수업 연구 및 자료 개발비를 지원받게 되고 학기별 1회 이상 수업공개를 해야 하며 수업 컨설팅, 수업자료의 일반화, 수업 동영상 자료 보급 등의 역할을 수행하게 된다.

	구분	세부 일정	시기
추진 일정	1. 원서 제출	- 교육지원청 제출 → 시교육청 제출	11월
	2. 심사위원 협의회(1차)	- 1차 서류심사	11월
	3. 결과 발표 및 추후 일정 전달	- 2차 심사 대상자 발표 - 2차 심사 대상자 수업 희망 일자 신청	11월
	4. 2차 심사 대상자 협의회	- 현장 수업 심사 일정 협의	12월
	5. 2차 심사자료 제출	- 2차 심사자료(수업지도안) 제출	12월
	6. 심사위원 협의회(2차)	- 2차 심사 일정 협의	12월
	7. 2차 심사	- 현장 수업 실사	12월
	8. 심사위원 협의회(3차)	- 현장 수업 실사 결과 협의	12월
	9. 결과 발표	- 선도교사 최종 선정자 발표	1월
	10. 선도교사 협의회	- 선도교사 위촉장 수여	1월

다음은 필자가 초등학교 2학년을 대상으로 2014학년도 1학기 수업개선 선도교사 공개수업에 활용한 통합교과 교수·학습 과정안 일부이다.

교 과	통합(바른생활과)		대상	2학년 ○반 ○명 (남 ○명, 여 ○명)			
단 원 명	(여름2) 1. 곤충과 식물				교과서	36쪽~37쪽	
학습주제	◉ 안전한 여름을 위해 해야 할 일 알기				수업모형	경험중심 실천 활동 모형	
학습목표	◉ 여름을 안전하게 보내기 위해 해야 할 일을 알 수 있다.						
학습단계	학습문제 인지	바른 행동 인지		바른 행동 연습		바른 행동 다짐	학습내용 정리
학습구조	전체학습	개별·모둠·전체학습		모둠·전체학습		개별학습	전체학습
학습자료	• 노래자료 • 안전앞치마 • 안전이야기책 • 학습안내판	• 대화자료 - 대화안내판 - 대화타이머 - 대화카드		• 소리퉁 놀이자료 - 미션카드 - 소리퉁 - 개인칠판		• 바름이 약속마당 - 바름이 띠종이 - 바름이 손가락	• ○× 7단계 퀴즈판 • 배움마당

학습 단계	학습 과정	교수·학습 활동		시량	자료 및 유의점 ♡ 인성덕목 ♥ 핵심역량
		교사의 의도된 활동	학생의 기대되는 활동		
		Q&A 【학습문제 인지하기】 단계에 대한 나만의 수업 전략			
		Q 학생들로 하여금 여름철 안전이라는 주제에 호기심을 갖게 하여 학습 의욕을 고취할 수 있는 방법은 무엇일까?			
		A 학습문제에 제시되는 '안전'이라는 단어가 조금은 딱딱하고 건조하게 여겨질 수 있기에 '위기 탈출 넘버원'이라는 인기 프로그램을 응용하였다. 실제 학급 학생을 등장시킴으로써 좀 더 친근함을 느껴 수업에 대한 관심을 극대화할 수 있도록 하였다.			
학습 문제 인지 하기	동기 유발 전체 학습	♣ **동기유발** ❋ 여름에 대해 관심 갖기 T:<여름방학> 노래를 부르며 '여름' 하면 생각나는 것을 떠올려 보세요	S_n:노래를 신나게 부르며 여름에 대해 관심을 갖는다.	7'	♡ 소통 ♥ 대인관계 능력 ▶ 노래자료
			1절	2절	
			푸른 산이 부른다 우리들을 푸른 숲이 부른다 우리들을 산-딸기 따러 가자 산으로 가자 매미채 둘러메고 숲으로 가자	바닷물이 부른다 우리들을 시냇물이 부른다 우리들을 푸른 물에 헤엄치러 바다로 가자 낚싯대 둘러메고 냇가로 가자	
		T:'여름' 하면 떠오르는 것은 무엇인가요? T:여름이 되어 특히 좋은 점은 무엇인가요? T:여름에 몸이 아팠거나 불편했던 경험에 대해 이야기해 볼까요?	S_n:여름방학, 수박, 물놀이, 소나기, 에어컨, 선풍기, 팥빙수 등 S_1:팥빙수나 아이스크림과 같은 여름 간식을 먹을 수 있어요. S_2:바닷가나 계곡에서 물놀이를 할 수 있어요. 등 S_1:찬 음식을 많이 먹어서 배탈이 났던 적이 있어요. S_2:갑자기 소나기가 내려 비를 많이 맞아 감기에 걸렸어요. 등		

학습단계	학습과정	교수·학습 활동		시량	자료 및 유의점 ♡ 인성덕목 ♥ 핵심역량
		교사의 의도된 활동	학생의 기대되는 활동		
학습문제 인지하기		T:여름에 계곡이나 바닷가에 가서 사고가 났던 경험이 있으면 이야기해 볼까요?	S_1:맨발로 계곡에서 놀다가 발바닥에 상처가 난 경우가 있었어요. S_2:깊은 물 속에 함부로 들어가서 빠진 경우가 있었어요. 등 S_n:(동작을 하며) 위기 탈출~ 넘버원!		♡ 공감 ▶ 안전앞치마
		T:여름은 우리에게 좋은 점을 선물하기도 하지만 우리를 위험에 빠지게 하는 위기를 주기도 하지요. 그래서 지금 우리에게 필요한 것은 무엇이지요?			
		T:위기 탈출을 위해 안전맨이 들려주는 이야기를 잘 들어보세요!	S_n:위기에서 탈출하기 위한 방법을 생각하며 이야기에 귀 기울인다.		▶ 안전이야기책 녹음자료
		T:아픈 표정을 짓고 있던 ○○이가 건강한 여름을 보내기 위해 알고 싶은 것은 무엇이었지요?	S_1:여름철에 음식을 어떻게 보관해야 하는지 궁금했어요. 등		☞ 학생들이 직접 경험했던 일들을 자연스럽게 이야기할 수 있는 허용적인 분위기를 조성하여 다양한 의견들을 수렴하는 과정을 거친 후 학습문제를 이끌어낸다.
		T:깜짝 놀란 표정을 짓고 있던 ○○이가 안심하고 여름휴가 장소로 떠나기 위해 알고 싶은 것은 무엇이었지요?	S_1:휴가를 떠나기 전에 꼼꼼하게 확인해야 할 일에 대해 알고 싶다고 했어요. 등		
		T:짜증 나는 표정을 짓고 있던 ○○이가 신나는 여름휴가를 보내기 위해 알고 싶은 것은 무엇이지요?	S_1:계곡이나 바닷가에서 물놀이할 때 지켜야 할 일에 대해 궁금해했어요. 등		
	학습문제 확인	♣ 학습문제 확인하기 T:그럼 이번 시간에 무엇을 공부하면 좋을까요?	S_n:빈칸에 들어갈 낱말을 떠올리며 자유롭게 생각을 나눈다.		▶ 학습문제 카드
		여름을 (안전)하게 보내기 위해 해야 할 일을 알아보자.			
	학습활동 안내	♣ 학습활동 안내하기			▶ 학습안내판
		활동1 안전 바톰이 대화 나누기 안전한 여름을 위해 해야 할 일 찾기	활동2 안전 바톰이 소리통 놀이하기 안전한 여름을 위한 방법 연습하기	활동3 안전 바톰이 약속하기 안전한 여름을 위한 실천 다짐하기	

학습 단계	학습 과정	교수·학습 활동 (교사의 의도된 활동)	교수·학습 활동 (학생의 기대되는 활동)	시량	자료 및 유의점 ♡ 인성덕목 ♥ 핵심역량
	Q&A	**【바른 행동 알아보기】 단계에 대한 나만의 수업 전략**			
		Q. 구경꾼이나 방관하는 학생 없이 모두 협동하여 수업에 참여하는 방법은 무엇일까?			
		A. 모든 학생이 학습의 주체자가 되어 친구들의 의견을 존중할 줄 알고 공동의 문제를 해결해 나가는 능력과 태도를 길러주는 것이다. 구조 중심 협동학습 구조 중 '생각-짝-나누기'와 '생각-짝-모둠'을 저학년 학생들에게 적합하게 활동 위주로 재구성한 '생각-짝-모둠-전체의 4단계 대화 방법'을 구안하여 적용하였다.			
바른 행동 알아 보기	안전 방법 탐색	**활동1** 안전 바름이 대화 나누기 — 안전한 여름을 위해 해야 할 일 찾기			
	개별 학습	♣ 생각-짝-모둠 대화 나누기 T: 대화의 주제는 '안전한 여름을 보내기 위해 해야 할 일은?'이에요. 대화 주머니에서 대화카드를 펼쳐보면서 혼자 생각해 보세요. T: 이번에는 혼자 생각한 내용에 대해 생각과 이유를 자세히 들어가며 짝꿍이랑 소곤소곤 대화를 나눠보세요.	S$_n$: 주어진 주제에 대해 자신의 생각을 정리해 본다. S$_n$: 짝꿍과 대화를 나누면서 자신의 생각을 보충해 본다.	7′	♡ 책임 ♥ 문제 해결 능력 - 대화자료 - 대화안내판 - 대화타이머 - 대화카드
	모둠 학습	T: 이제 한마음 친구들이랑 도란도란 대화를 나눠보겠어요. T: '안전한 여름을 보내기 위해 해야 할 일은?'이라는 주제로 모둠대화를 시작하겠어요. 모둠대화 사회자는 이끔이에요.	S$_n$: 대화 자리로 이동한다. S$_n$: 이끔이가 이야기 마이크를 들고 모둠대화의 시작을 알리면 모둠원들이 차례대로 돌아가며 이야기를 나눈다. S$_n$: 모둠원 전체의 이야기를 다 듣고 난 후 1가지~2가지 정도로 모둠 합의점을 찾는다.		♡ 소통 ▶ 모둠바구니 - 대화마이크 - 대화펜 - 모둠질판
		♣ 전체대화 나누기 T: 각 모둠에서 합의된 내용으로 전체대화를 나누겠어요. 구호와 동작으로 자신있게 발표해 보세요.	S$_1$: 음식을 냉장고에 보관한다. S$_2$: 밤에 밖에 나갈 때는 부모님과 함께한다. S$_3$: 음식을 먹고 바로 물놀이 하지 않는다. 등	3′	

학습 단계	학습 과정	교수·학습 활동		시량	자료 및 유의점 ♡ 인성덕목 ♥ 핵심역량
		교사의 의도된 활동	학생의 기대되는 활동		
		Q&A 【바른 행동 연습하기】 단계에 대한 나만의 수업 전략			
		Q 4단계 대화 방법을 통해 합의한 사항을 생활 속에서 바르게 적용할 수 있도록 도움을 주는 방법은 무엇일까? **A** 어떤 문제가 주어질 때 문제 상황에 대한 자신의 생각을 연습 없이 즉시 말과 행동으로 표현하는 역할놀이와 해설이 있는 역할극을 접목한다. 이를 통해 학생들의 부담을 줄여 좀 더 적극적으로 표현할 수 있도록 하였다.			
바른 행동 연습 하기	안전 방법 연습	**활동2** 안전 바름이 소리통 놀이하기 안전한 여름을 위한 방법 연습하기			
	모둠 학습	♣ 소리통 놀이 준비하기 T:모둠 친구들과 힘을 합쳐서 실제로 안전하게 여름을 보내는 행동을 해보겠어요. 여름철 안전 미션카드를 꺼내어 펼치면 연습해야 할 행동이 적혀 있어요. 모둠 친구들과 역할을 정해서 열심히 연습하는 시간을 갖도록 하겠어요.	S_n:연습해야 할 행동을 살펴본 후 자기가 맡은 역할에 필요한 대사와 동작을 연습하고 소도구를 챙겨 준비한다.	6'	♡ 존중 ♥ 의사소통 능력 ▶ 소리통 놀이자료 - 미션카드 - 소리통 - 개인칠판
		☑ **여름철 옷차림, 음식, 잠에 대해** 안전 수칙 1가지 이상 보여주세요!	☑ **여름휴가를 떠나기 전에 해야 할** 안전 수칙 1가지 이상 보여주세요!		
			☑ **바닷가나 계곡에서 물놀이 할 때 지켜야 할** 안전 수칙 1가지 이상 보여주세요!		
	전체 학습	♣ 소리통 놀이 발표하기 T:각 모둠에서 준비한 소리통 놀이 결과를 발표해 보겠어요. T:모둠별로 발표한 것을 보고 어떤 생각을 했나요?	S_n:모둠 순서에 따라 준비한 여름철 안전 수칙을 시연한다. S_1:여름철에는 식중독에 걸리기 쉽기 때문에 음식을 잘 보관해야 한다고 생각했어요. S_2:물놀이를 하기 전에는 꼭 준비운동을 해야겠다고 생각했어요. 등	6'	♡ 협동

학습단계	학습과정	교수·학습 활동		시량	자료 및 유의점 ♡ 인성덕목 ♥ 핵심역량
		교사의 의도된 활동	학생의 기대되는 활동		
	Q&A	【바른 행동 다짐하기】 단계에 대한 나만의 수업 전략			
	Q	배우면서 알게 된 것이 행동으로까지 이어질 수 있게 하려면 어떻게 해야 할까?			
	A	안전한 여름을 위해 자신이 해야 할 일을 생각하여 스스로 다짐한 약속을 바름이 마음 띠종이에 적어 바름이 약속마당에 게시했다. 다른 친구들에게 자신의 다짐을 공개할 수 있도록 하고 19기 밀알 약속 구호를 외치는 과정을 통해 꼭 실천하겠다는 의지를 다질 수 있도록 하였다.			
바른 행동 다짐 하기	안전 실천 다짐	**활동3** 안전 바름이 약속하기 안전한 여름을 위한 실천 다짐하기		5'	♡ 정직 ♥ 자기 관리 능력 ▶ 바름이 약속마당 - 바름이 띠종이 - 바름이 손가락 ♡ 책임
	개별 학습	♣ 안전 바름이 마음 채우기 T:여름을 안전하게 보내기 위해 스스로 꼭 지켜야 할 1가지를 바름이 마음 띠종이에 적어서 바름이 약속마당에 붙여 주세요.	S$_n$:진지하게 자신의 다짐을 바름이 마음 띠종이 적어 바름이 약속마당에 붙인다.		
		♣ 안전 바름이 약속하기 T:바름이 마음에 채운 '안전한 여름을 위한 자신만의 약속'을 실천하겠다고 다짐해요.	S$_n$:안전한 여름을 위해 스스로 한 약속을 꼭 지키겠다는 다짐을 한다.		
	Q&A	【학습내용 정리하기】 단계에 대한 나만의 수업 전략			
	Q	놀이가 공부가 되고 공부가 놀이가 되는 학습정리 방법에는 무엇이 있을까?			
	A	학생들이 선호하는 학습정리 방법인 'O× 사다리 퀴즈'를 활용하여 배운 내용에 대한 문제를 해결하였다. 그리고 공부하면서 알게 된 점이나 느낀 점을 이야기하면서 자연스럽게 학습한 내용을 정리하였다. 또한, 통합교과 대주제가 제시된 배움마당을 통해 차시 예고를 하도록 하였다.			
학습 내용 정리 하기	학습 내용 정리 전체 학습	♣ 학습내용 정리 및 평가하기 T:드디어 7단계 O× 사다리 퀴즈를 시작하겠어요. 오늘 배운 내용을 잘 생각하며 문제를 풀어보세요. T:하나, 둘, 셋 하는 소리와 함께 마지막에 도착한 동물을 표현해 주세요. T:7단계 O× 사다리 퀴즈의 정답은 바로 ○○입니다.	S$_n$:학습한 내용을 떠올리고 모둠 친구들과 의견을 나누며 함께 문제를 해결한다. S$_n$:7단계 문제를 해결해 나가면서 마지막 단계에 도착한 동물의 소리나 모양을 흉내 낸다. S$_n$:문제의 정답을 확인하며 보상을 받는다.	5'	♡ 소통 ♥ 문제 해결 능력 ▶ 7단계 O× 사다리 퀴즈판

학습 단계	학습 과정	교수·학습 활동		시량	자료 및 유의점 ♡ 인성덕목 ♥ 핵심역량
		교사의 의도된 활동	학생의 기대되는 활동		
학습 내용 정리 하기		- 여름에 잘 때는 덥기 때문에 이불을 덮지 않는다. (×) - 여름휴가 기간에는 우유가 배달되지 않도록 미리 연락한다. (○) - 비가 온 후에는 계곡에 물이 많아지므로 물놀이를 한다. (×) - 집을 나갈 때에는 더우니까 문을 활짝 열어 놓는다. (×) - 냉장고에서 꺼낸 우유는 빠른 시간 내에 마신다. (○) - 음식을 먹은 직후에 바로 물놀이를 해서는 안 된다. (○) - 물놀이를 하기 전에는 충분한 준비운동을 한다. (○)			
		T:이번 시간 학습문제인 '여름을 안전하게 보내기 위해 해야 할 일을 알아보자.'를 해결하기 위한 공부를 하면서 무엇을 새롭게 알고 느끼게 되었나요? ♣ 차시 예고 T:다음 시간 '배움마당'의 주인공은 누구일까요? T:다음 시간에는 여름에 들을 수 있는 다양한 소리를 생각하며 노래를 불러보는 활동을 하도록 하겠어요.	S$_n$:자유롭게 자신의 생각을 이야기하며 공부한 내용을 정리한다. S$_n$:배움마당을 집중하여 바라본다.	1'	▶ 배움마당

여름2	학습주제	안전한 여름을 위해 해야 할 일 알기		평가방법	관찰평가, 자기평가
평가 관점		✓ 안전한 여름을 보내기 위한 방법을 찾는 대화 활동에 책임 있게 능동적으로 참여하는가? (수업 중) ✓ 여름을 안전하게 보내는 방법을 시연하는 과정에서 모둠 친구들의 의견을 존중하고 협동적으로 임하는가? (수업 중) ✓ 안전한 여름을 보내기 위해 해야 할 일을 생활 속에서 실천하려는 자신의 다짐을 적극적으로 표현하는가? (수업 중)		평가척도	
				상	모두 충족함
				중	2가지만 충족함
				하	1가지만 충족함

칠판 사용 계획	단 원	1. 곤충과 식물		
	학습문제	여름을 안전하게 보내기 위해 해야 할 일을 알아보자.		
	학습안내	활동1	활동2	활동3
		안전 바름이 대화 나누기	안전 바름이 소리통 놀이하기	안전 바름이 약속하기

공문 속에 숨어있는 수업 아이디어를 찾아라

교육(행정)기관 업무포탈에는 하루에도 수많은 공문이 쏟아진다. 쉴 새 없이 바쁜 와중에 공문을 일일이 검토하기보다는 담당 업무 중심으로 확인하고 처리하는 것이 가장 효율적이다.

그러나 **공문 속에는 수업에 특별 이벤트를 부여하는 보물**이 숨어있다. 자세히 살펴보면 학급운영과 관련된 아이디어를 얻을 수도 있다.

1학기 내내 매주 월요일 학교 방송 조회 시 훈화를 즐기시던 교장 선생님께서 갑자기 2학기에는 약 3분 정도 각 학급의 재능을 영상으로 만들어 소개하는 시간을 갖겠다고 선언하셨다. 이때 떠오른 것이 공문에서 본 **교실에서 찾은 희망**이었다.

음원, 가사, 안무가 제공되기 때문에 학생들이 즐겁게 참여하였고, 밀알반은 2018년부터 2021년까지 참여하여 학급 상장과 과자가 가득 담긴 상자를 상품으로 받았다.

2023년부터 시즌 2가 시작되었다. 월드비전 세계시민학교(http://www.wvschool.or.kr) 누리집을 활용하여 참여하되 학생들의 참가 동의서를 사전에 꼭 받도록 한다.

교실에서 찾은 희망 (시즌 2)	참여 과정	참여 모습
	① 학급 그라운드룰 세워 실천하기 ② 핑거댄스 안무 연습하기 ③ 핑거댄스 의상 만들기 ④ 핑거댄스 안무 영상을 촬영하여 유튜브에 업로드하기 ⑤ 유튜브 영상 링크와 학급 그라운드룰 이미지를 세계시민학교 누리집에 탑재하기	

코로나19로 중단된 독도의 밀알 전시회를 대체할 활동을 찾던 중 발견한 것이 공문에서 본 우표문화반 모집이었다.

우표문화반을 위해 교육용 우표 27개의 모듈 중 4개를 선택하여 신청한 후 관련 자료를 받는다. 우표문화반 운영 결과는 우표문화(https://cafe.daum.net/stampnanum)카페를 활용하여 최소 연 2회~3회 정도 게시하면 된다.

교육용 우표 27 모듈	자아의식 (나)	1. 아름다운 사람이 되는 길	역사의식 (사건)	14. 나라를 지킨 영웅들
		2. 우리들의 아름다운 성		15. 세계 속 우리나라
		3. 나의 뿌리 나의 가족		16. 삼국의 성립과 발전
		4. 나의 꿈을 향한 도전		17. 조선 시대 변화의 태동
	친교의식 (이웃)	5. 친구야 고마워		18. 대한 독립 만세
		6. 함께하는 우리 다문화	존재의식 (사물)	19. 자랑스러운 대한민국
		7. 행복한 학교를 만들어요.		20. 우리나라 대한민국
		8. 실천해요 안전 제일		21. 우리나라 전통 이해하기
	생명의식 (자연)	9. 아름다운 우리나라		22. 나의 고장 소개하기
		10. 환경 사랑 자연 보호		23. 세상을 바꾼 물건
		11. 멸종 위기의 생물들		24. 유네스코 세계문화유산
		12. 별자리 이야기		25. 평화통일을 향한 발걸음
		13. 신비로운 우리의 섬	우체국문화	26. 우체국의 역사
				27. 우표 디자인하기

모듈 7	행복한 학교를 만들어요		
주제	존중의 의미를 알고 참된 우정을 우표로 표현해 보자.		
1	영상자료를 시청한 후 존중의 의미에 대해 이야기 나누기		
2	30가지 존중의 씨앗 살펴보기		
3	참된 우정이란 무엇인지 육각보드에 쓰기		
	육각보드 게시하기	육각보드 살펴보기	■ 존중의 씨앗과 연관 지어 우정의 의미를 생각해 본다. ■ 참된 우정이란 무엇인지 자신의 의견을 육각보드에 쓴 후 친구들에게 발표한다.
4	참된 우정을 잘 표현한 우표를 선택하여 작품 완성하기		
	우표 선택하기	작품 완성하기	■ 모듈 7의 인쇄 우표 28가지 중 자신이 생각하는 참된 우정과 가장 관련 있다고 생각되는 1가지를 선택하여 그대로 따라 그린다.
5	완성한 작품 속의 참된 우정에 대해 발표하기		
	밀알반의 완성 작품	작품 발표하기	■ 참된 우정은 무엇이고 완성된 작품 속에 어떻게 표현되어 있는지 소개한다. ■ 행복한 학교는 스스로 만드는 것임을 확인하고 반 구호로 마무리한다.

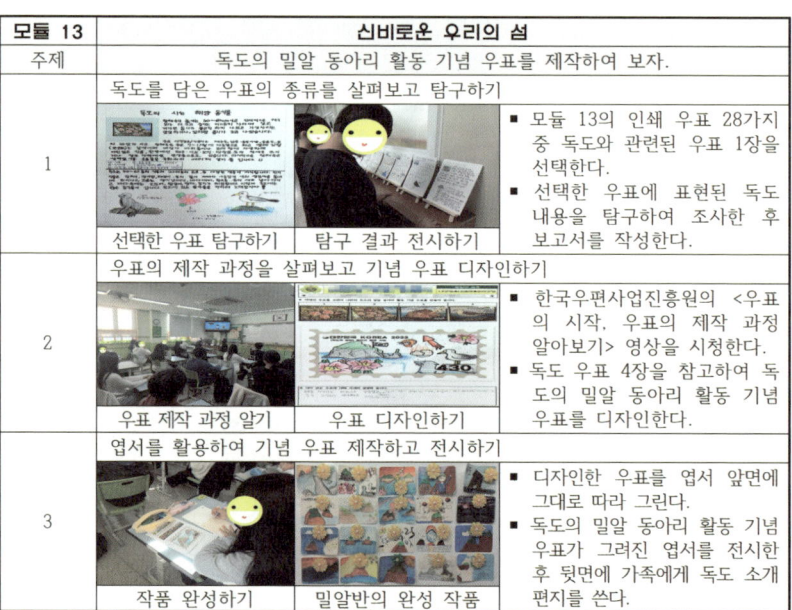

모듈 13	신비로운 우리의 섬		
주제	독도의 밀알 동아리 활동 기념 우표를 제작하여 보자.		
1	독도를 담은 우표의 종류를 살펴보고 탐구하기		
	선택한 우표 탐구하기	탐구 결과 전시하기	■ 모듈 13의 인쇄 우표 28가지 중 독도와 관련된 우표 1장을 선택한다. ■ 선택한 우표에 표현된 독도 내용을 탐구하여 조사한 후 보고서를 작성한다.
2	우표의 제작 과정을 살펴보고 기념 우표 디자인하기		
	우표 제작 과정 알기	우표 디자인하기	■ 한국우편사업진흥원의 <우표의 시작, 우표의 제작 과정 알아보기> 영상을 시청한다. ■ 독도 우표 4장을 참고하여 독도의 밀알 동아리 활동 기념 우표를 디자인한다.
3	엽서를 활용하여 기념 우표 제작하고 전시하기		
	작품 완성하기	밀알반의 완성 작품	■ 디자인한 우표를 엽서 앞면에 그대로 따라 그린다. ■ 독도의 밀알 동아리 활동 기념 우표가 그려진 엽서를 전시한 후 뒷면에 가족에게 독도 소개 편지를 쓴다.

> **"좋은 수업은 교사의 일방적이고 무조건적인 짝사랑에서 시작됩니다."**

수업을 여닫는 나만의 질문 10가지

※ 좋은 수업은 교사들의 공통적인 바람이지요. 하지만 좋은 수업은 어떠한 일정한 형식이나 정해진 틀이 있는 것이 아니고 여러 가지 수업 변인에 따라 다양한 정의가 가능해요. 확실한 것은 좋은 수업은 결코 단 시간 내에 만들어질 수 없으며 교사의 부단한 노력이 요구된다는 것이지요. 아래의 10가지 질문에서부터 시작해 보세요.

	수업 시작 전		수업 후
1	내가 생각하는 좋은 수업은 무엇인가?	6	시간 계획을 잘 세웠나?
2	이번 수업의 키워드는 무엇인가?	7	질문과 발문을 적절하게 활용했나?
3	이번 수업에서 교사는 어떤 존재여야 하는가?	8	거수 빈도(80% 이상)를 높이는 보충 발문을 했나?
4	이번 수업을 통해 학생에게 어떤 성장이 있기를 바라는가?	9	잘못된 대답을 수정하거나 보완할 수 있는 기회를 제공했나?
5	전문성 향상을 위한 이번 수업의 미션은 무엇인가?	10	모든 학생이 참여하는 수업이었나?

> **"좋은 수업은 교사의 일방적이고 무조건적인
> 짝사랑에서 시작됩니다."**

나를 바라보는 수업 점검 리스트

※ 좋은 수업은 교사의 지속적인 수업개선 의지와 이에 따른 객관적인 수업평가를 통해 문제점을 보완하려는 노력으로 이루어질 수 있지요. 수업은 교사의 전문성과 자율성에 맡겨진 고유한 영역이기 때문에 교사 스스로 수업평가 후 장점, 단점, 개선점을 파악하는 자료로 활용해 보세요.

단계	순	내용	확인 ◎	○	△
도입	1	흥미, 성취감, 학습내용 관련 동기유발을 했는가?			
	2	학습문제를 분명하게 제시했는가?			
전개	3	학습내용을 세부 활동으로 나누어 제시했는가?			
	4	학습내용의 기억이나 이해를 확인하는 수렴적 사고 질문을 했는가?			
	5	학생의 고차원적 사고를 요구하는 확산적 사고 질문을 했는가?			
	6	학생들의 응답에 긍정적이고 즉각적인 피드백을 제공했는가?			
	7	학습내용의 이해를 돕는 적절한 자료를 사용했는가?			
	8	학생들이 학습내용을 이해하고 있는지 주기적으로 확인했는가?			
정리	9	학습내용을 분명히 요약·정리했는가?			
	10	차시 수업을 안내하고 학습에 대한 기대감을 주었는가?			

※ 나의 수업에서 개선해야 할 사항은 무엇인가? 그리고 떠오른 개선 전략은 무엇인가?

PART 4
밀알샘에서 샘밀알까지

"혼자 꾸는 꿈은 꿈에 불과하지만,
함께 꾸는 평범함은 현실이 된다."

 밀알샘, 독서와 연수로 채워가는 경험
독서와 연수로 다져진 나의 꿈, 평교사로 명예롭게 퇴임하는 날까지

 강의와 책 쓰기로 배움을 나누는 시간
세상에 받은 만큼, 이제는 강의와 글로 나누고 싶다.

 샘밀알, 함께 가면 멀리 가는 길 위에서
교사들의 자발성을 깨우기 위해, 응답하고 후원하는 마음으로

1.
밀알샘, 독서와 연수로 채워가는 경험

■ ☆ ● ▲

교사는 학생을 교육하는 전문가이다. 인간 존중을 기본으로 한 넓은 아량과 가르치는 일에 대한 책임을 바탕으로 고도의 정신력과 정보력, 창의적인 사고가 필요하기 때문이다. 그래서 교사가 지닌 경험의 폭이 넓을수록 교사, 학생들, 학부모, 주변 사람들이 더불어 행복한 교육이 이루어질 수 있다.

교사의 경험은 직접 경험과 간접 경험이 있는데 그중 직접 경험은 여러 제약이 따르기 때문에 간접 경험의 중요성이 그만큼 높다고 볼 수 있다. 교사에게 필요한 간접 경험으로 독서와 연수를 꼽을 수 있다.

평교사로 명예롭게 정년퇴임하는 꿈을 간직하면서도 세월이 흘러 나이가 지긋한 담임교사를 학부모와 학생들이 거부하지는 않을지 늘 걱정이 되었다. 그 상황을 대비해서 수석교사로의 방향 전환을 고민하기도 했다. 그런데 얼마 가지 않아 그런 생각들이 쓸데없는 기우라는 것을 깨닫게 되었다.

어제보다 나은 밀알반을 위해 교사가 노력하면 할수록 학부모와 학생들의 과분한 응원과 대우에 얼떨떨해졌다. 학부모와 학생들은 나이 많은 교사를 싫어하는 게 아니다. 어제와 같은 과정에 익숙해져 나태한 교사, 편견을 갖고 학생들을 함부로 판단하여 친절하게 대하지 않는 교사를 싫어하는 것이다. 항상 독서와 연수를 게을리하지 않고 실력을 쌓아 실천하는 교사는 움츠러들 필요가 없다.

책을 읽는다는 것은 타인의 생각을 들여다보는 것이기에 간접 경험이 된다. 다산 정약용은 "머릿속에 책 5,000권 이상이 들어 있어야 세상을 제대로 꿰뚫어 보고 지혜롭게 판단할 수 있다."라고 했다. 1년이 52주니까 5,000권을 1년 동안 읽을 수 있는 권 수인 52권으로 나누면 약 96년이 된다. 일주일에 1권씩 약 96년을 읽어야 5,000권을 읽을 수 있는 것이다. 그래서 1년에 100권~300권 읽기에 도전하는 사람들이 생기는가 보다.

밀알반 학생들은 일주일에 1권씩 책을 읽고 한 달에 4권을 읽으면 3월부터 12월까지 10개월 동안 총 40권을 읽을 수 있다는 안내를 받는다. 그리고 밀알증을 받게 되는 필수조건이 바로 40권의 책을 읽는 것이다. 교사의 삶 자체가 수업재료가 되기 때문에 수업은 평생 준비하는 것이라고 한다. 그래서 교사가 책을 가까이해야 하는 것은 피할 수 없는 운명이라 여기며 1년에 총 20권 이상의 독서를 하려고 노력한다.

독서일지를 1년마다 쓰면 한 해 동안 총 몇 권을 읽었는지 파악할 수 있다. 그리고 읽은 권수가 늘어남에 따라 목표 달성에 대한 성취감과 긍정적인 이미지를 생성하는 자존감이 향상되어 독서 습관 형성에 효과적인 방법이라고 한다. 밀알반 학생들의 독서일지는 읽은 날짜, 책 제목, 한 줄 느낌으로 간단하게 구성되어 독서에 대한 부담감을 최대한 줄이고자 했다. 매주 월요일에 제출하는 학생들의 독서일지를 확인만 하다가 2015년부터는 교사인 나도 독서일지를 쓰고 있다.

책은 대여가 아닌 직접 구매하여 마음을 건드리는 문구에 밑줄 그으며 반복 읽기를 한다. 그런 다음에 자투리 시간이나 방학 기간을 이용하여 밑줄 친 문구를 컴퓨터 워드 작업으로 필사한다. 생각보다 시간이 오래 걸리다 보니 스스로 약속했던 연 20권을 채우지 못하는 경우가 허다하다. 독서의 중요성을 아무리 강조해도 한 귀로 듣고 한 귀로 흘리는 학생들에게 교사가 그동안 작성한 독서일지를 한 장 한 장 넘기며 보여준다. 교사의 생활에 어떤 변화가 있었는지 진솔하게 이야기하면 어느새 반짝거리는 눈망울로 교사를 바라보는 학생들과 마주하게 된다.

되도록 아침 시간에는 학생들과 함께 독서를 한다. 때론 쉬는 시간에 책을 읽기도 하는데 "저는 학교 선생님이 교실에서 책 읽는 모습을 처음 봤어요."라고 말하는 6학년 여학생의 모습이 잊히지 않는다. 그건 우리 교사들이 가르치는 일이 본업인 교육 전문가가 아닌 교육 행정가나 민원 업무를 처리하는 사람으로 에너지를 빼앗기고 있기 때문이리라.

최근 교사의 권위, 경험, 능력 등에 대해서 의문을 던지는 사회적 분위기가 심화되고 있다. 이럴수록 교사들은 더 공부하고 연구해서 넘볼 수 없는 확실한 전문성을 갖춰야 한다. 미래를 예측해서 미래 사회의 주인공인 학생들에게 필요한 역량을 키워주기 위한 지속적인 교사 연수가 이루어져야 한다.

1990년대까지의 교사 연수는 대부분 집합 연수였다. 그것도 교사의 관심사와는 상관없이 연수 참가인원을 채우기 위해 강제로 참여하는 경우가 많았다. 2000년대가 되자 교사들을 위한 원격연수가 등장했다. 초기에는 자비로 수강해야 했고 60시간 연수가 주를 이루어 평가를 보기 위해 시험장을 방문하기도 했다.

그런데 지금은 무료로 수강할 수 있는 원격연수도 생겼고 자비로 수강을 한 후 전부 또는 일부 금액을 다시 지원받을 수도 있다. 그뿐 아니라 10시간, 30시간, 45시간, 60시간 등으로 연수 시간도 다양화되어 선택의 폭이 넓어졌다. 나는 밀알반의 일정에 맞춰 분기별 30시간 연수를 이수하여 1년에 총 120시간 이상 연수를 받으려고 애쓴다.

2. 강의와 책 쓰기로 배움을 나누는 시간

■ ★ ● ▲

　미국 MIT 대학 사회심리학자 레윈(Lewin)이 세운 응용행동과학연구소인 미국행동과학연구소(NTL: the National Training Laboratories)에서 발표한 학습 피라미드(Learing Pyramid)는 다양한 방법으로 공부한 다음 24시간 후에 남아 있는 비율을 피라미드로 나타낸 것이다.

　학습 방법에 따른 학습 효과가 높은 순으로 나열하면 가르치기, 실제 해보기, 집단 토의, 시범, 강의 보기, 시청각 수업 듣기, 독서, 강의 듣기 순이다. 즉 강의를 통해 설명하는 교육은 효율성이 5%에 불과하고, 열심히 읽으면서 공부하는 방법은 10%, 시청각 교육은 20%에 불과하다. 그런데 모둠 토의·토론은 50%, 직접 해보는 것은 75%, 다른 사람을 가르치는 것은 90%의 효율성을 갖는다.

　지역에 따라 다르겠지만 근무하던 지역의 제1회 수업연구발표대회는 교수·학습 과정안 심사를 통과한 교사들이 모두 한 학교에 모여 추첨을 통해 배정받은 교실로 이동했다. 그곳에서 처음 만난 학생들과 20분간 대화 시간을 가진 후 수업 심사를 받았다.

6학년 대상 사회과 수업을 했는데 말 그대로 운 좋게 1등급을 수상했고 수업에 활용한 직소우 학습모형에 대해 교사 연수 강의를 하게 되었다. 당시 3기 밀알반을 운영하고 있었던 나는 경력 5년 미만의 저경력 교사였고 강의 경험이 한 번도 없었기 때문에 요청을 완곡하게 거절했다.

강의한다는 것은 완벽하게 잘 알고 있어서 하는 게 아니라 강의를 준비하는 과정에서 자신이 배운 것을 아는 것만큼 소개하는 것으로 여기고 승낙해달라는 담당 장학사님의 간절한 부탁을 감히 거절할 수 없었다.

직소우 학습모형 관련 책자 등으로 열심히 공부하여 자료를 정리한 후 장소, 시간 등 다양한 여건들을 고려한 강의 시나리오를 작성했다. 그리고 거의 암기할 정도로 반복 연습을 한 후 긴장된 마음으로 강의를 시작했다. 이러한 경험은 학습 피라미드에서 제시한 90% 이상의 효율성을 나에게 가져다주었다.

그 후 강의 요구가 있는 곳이면 최선을 다해 준비하여 어디든지 방문하였다. 선생님들과 만남은 즐거움도 있고 기쁨도 있고 보람도 있었지만, 집에 돌아온 나는 멍한 상태로 누워 있는 시간이 점점 더 길어졌다.

동굴형 인간인 나는 혼자 있는 시간을 통해 에너지를 충전하는데, 밀려드는 강의로 인해 소모만 하게 되면서 몸과 마음이 점점 힘들어졌다. 강의를 줄이고 충전의 시간을 가지며 나를 되돌아보니 그동안 나를 채우기 위한 강의만 해왔기에 그 이상의 의미와 보람을 찾지 못했던 것이다.

"나보다 먼저 살았던 사람들이 날 위해 많은 것을 베풀어 줬으니 나도 후세를 위해 뭔가를 이룩하고 보답하고 싶어."라고 말한 빨간 머리 앤이 떠올랐다.

강의는 이 세상에 태어나 얻은 것에 대한 감사의 보답으로 내가 나눌 수 있는 것을 세상에 내놓는 일이다. 특히 나는 부모님의 말씀대로 인복이 많은 사람이 아닌가! 인복이 많다는 것은 다른 말로 내가 진 빚이 많다는 것이다. 그 빚을 갚으려면 남은 생애를 다 바쳐야 할지도 모른다.

보통 작가가 1권의 책을 쓰기 위해서는 최소 50권 이상의 책을 읽고 그 내용을 바탕으로 자신의 직접적 또는 간접적 경험을 기술한다고 한다. 책 쓰기는 최고의 공부 과정이라고 할 수 있다. 특정 분야의 책을 1권 쓸 수 있다면 그 분야에서는 일정한 경지에 올랐다는 것이 증명되는 것이다.

누군가를 채우기 위한 강의는 책 쓰기와 맞물릴 때 제대로 힘을 발휘할 수 있다. 혼자 떠들기만 하는 게 아니라 그것을 글로 쓰면 여러 생각을 하게 된다. 내가 가진 생각이 대수롭지 않다는 것, 세상엔 쟁쟁한 고수들과 초고수들이 많다는 것, 공부하는 만족감 혹은 실망감 등을 느끼면서 나를 성장시킬 수 있다.

그뿐 아니라 자신이 배우고 경험한 생각과 노하우를 다른 사람과 나누는 기회가 된다. 니체가 『인간적인 너무나 인간적인』에서 한 말로 생각에 정당성을 더하고자 한다.

"책을 쓴다는 것은 무엇을 가르치기 위함이 아니다. 겸허히 독자의 인생에 보탬이 되려는 봉사이기도 하다."

한 사람의 인생에는 책 몇 권이 들어 있다고 한다. 내세울 게 없는 인생이지만 2권의 책으로 궤적을 그리려 한다.

1권은 지금 쓰고 있는 샘밀알의 이야기이다. 10년 전 근무하던 학교의 교장 선생님께서 "선생님의 남다른 열정과 무한한 능력을 공유할 수 있는 책 쓰기를 적극적으로 추천하고 싶어요."라고 하셨을 때는 의례적인 인사치레로만 여겼다. 하지만 마음 한쪽엔 언젠가는 해내야 할 숙제로 자리 잡고 있었다. 그런데도 숙제를 시작하지도 못한 이유는 완벽한 책을 내겠다는 욕심 때문이기도 하고 부족함에 대한 두려움 때문이기도 하였다. 이제는 마음을 비우고 낮은 자세로 밀알반의 학급운영 30년을 조심스럽게 드러내고자 한다.

2권은 정년을 앞둔 한 인간으로서의 삶을 투영하는 삶밀알의 이야기이다. 교실에서 교사와 학생들이 어우러져 만드는 기쁨·즐거움·슬픔·안타까움을 진솔하게 담아내는 교단 일기, 남편 그리고 아들과 함께 생활하며 서로에 대한 연민을 품은 가족 일기, 꽁꽁 감추어 왔던 내면의 민낯을 수줍게 폭로하는 개인 일기로 채워질 것이다.

3.
샘밀알, 함께 가면 멀리 가는 길 위에서

■ ★ ● ▲

멘토와 스승은 어떤 차이가 있을까? 스승은 무엇인가를 직접 가르쳐주는 사람이라고 한다면 멘토는 이끌어 주는 사람이라는 뜻이 강하다. 보통 스승이라고 하면 자신보다 나이가 많은 사람을 떠올리지만, 멘토의 경우는 동갑내기 친구가 될 수도 있고 자신보다 어린 사람이 멘토가 될 수 있다.

한 번도 뵌 적이 없고 감히 범접할 생각도 하지 않았던 영원한 나의 멘토는 『365일 열린 교실을 위한 학급경영』(1995)의 저자 정기원 선생님이시다. 밀알 한마음반의 시작과 끝이고 감사라는 말로는 도저히 표현할 수 없는 은혜를 베풀어 주신 분을 다시 만난 것은 『교육의 가나안을 향하여』(2018)를 통해서이다.

수많은 학급운영 노하우를 아무런 조건 없이 기꺼이 나누어 주시던 그분이 늘 궁금했지만 25년이 훌쩍 지나서야 안부를 건네는 몰염치한 멘티의 기분이 들었다. 역시 멘토 선생님이셨다. 대안학교의 교장 선생님으로 교육은 기다림, 이해, 감동과 감화, 상처와 아픔의 치유라는 것을 현장에 적용하고 계셨다. 그리고 큰 은혜에 비해 너무도 약소한 답례의 뜻으로 밀알두레학교 연합학교 교육 1004 후원자가 되겠다고 다짐했다.

그로부터 시간이 흘러 2025년 어느 날! 오랫동안 잊고 있었던 1004 후원자 계좌번호를 찾기 위해 다시 밀알두레학교 누리집을 방문한 나는 당혹스러움에 한참을 움직이지 못했다.

정기원 선생님께서 2022년 4월 19일 영면에 드셨다는 것이다. 누리집에는 고인께서 생전에 소망하시던 아주 검소하지만 멋지고 아름다운 마지막 모습이 그대로 드러나 있었다. 장례식장의 제단에는 꽃 장식 하나 없이 사진과 즐겨보시던 성경책만 오롯이 놓여 있었다.

종교를 떠나 학급경영에 대한 지침서를 제시한 선구자였고, 자신이 생각하고 꿈꾸는 것을 행동으로 옮긴 실천가로서 대한민국의 수많은 교사에게 끼친 큰 영향력을 인정할 수밖에 없다. 영원한 멘토의 교육철학을 본받아 밀알두레학교의 후원자가 되고자 한다.

삼가 애도의 뜻을 표하며 고인의 발자취를 돌이켜본다.

- 1990년 서울교육대학교 윤리교육과를 졸업하고, 동대학교 교육대학원에서 초등교육행정을 수료했다. 이후 15년 동안 공교육에 몸담았다.
- 1993년 학급경영연구회를 창립하여 교사들의 학급경영에 있어서 새로운 변화와 모델을 제시하였고, 2005년까지 여름방학과 겨울방학을 이용하여 학급경영 자율 및 직무 연수를 추진하기도 하였다.

- 2003년~2005년 3회 동안 실험학교인 두레초등계절학교를 운영한 후에, 두레학교를 설립하였다. 6년간 두레학교 교장으로 일하다가 2011년에 두레학교에서 분리해 나와 밀알두레학교를 세웠으며 초대 교장이 되었다.
- 2013년 한국기독교 대안학교 연맹의 법제화 전략팀 총무를 맡으면서 대안학교의 법적 지위 보장을 펼쳐왔다. 2015년부터 경기도 대안학교 연합회 초대 회장으로 2년간 섬겼다.
- 2016년 서울장신대학교와 경기도 대안학교 연합회 사이에 MOU(양해각서)를 체결하고 2017년부터 신학과 내에 초등대안교육 전공 과정을 개설했다.
- 중국 동관 밀알두레학교(2015년), 광주 밀알두레학교(2016년)를 설립하였다.

공교육 현장에 있는 교사들은 학생들이 학교를 졸업하면 공교육을 통해 학습한 능력을 바탕으로 각자의 꿈을 이루고 행복한 삶을 살길 바란다. 이를 위해 교사들은 함께 고민하고 해결책을 찾는 데 땀과 눈물을 쏟는다. 하지만 30년 이후에나 간신히 드러나는 교육의 성과로 인해 교사들의 목소리에는 귀를 기울이지 않는다.

교사들의 외침에 반응하고 그를 바탕으로 교사들의 교권과 전문성을 살리기 위해 교사의 성향에 맞는 교원단체나 교원노조를 선택하여 어느 단체든 가입하는 게 필요하다.

아래의 내용은 추가 및 수정 가능하기 때문에 관련 정보를 파악하여 꼼꼼하게 살펴야 한다.

구분	교원단체	교원노조
차이점	• 교원단체에 관한 시행령을 따름	• 노조법을 따름
종류 (예시)	• 한국교원단체총연합회 (https://www.kfta.or.kr) • 새로운학교네트워크 (http://www.newschoolnet.kr) • 실천교육교사모임 (http://www.koreateachers.org) • 좋은교사운동 (https://goodteacher.org)	• 전국교직원노동조합 (https://www.eduhope.net) • 교사노동조합연맹 (https://www.kftu.net)

에필로그

"행복은 언제나 감사의 문으로 들어와서
불평의 문으로 나간다."

드디어 오랫동안 나를 옥죄어 왔던 큰 숙제를 끝냈다. 속이 후련하다. '뭐든지 걱정만 하면 될 것도 안 되니까 그냥 써라!'를 되뇌며 황금 같은 방학을 고스란히 반납했다.

06:00 기상하기
06:30 아침 식사하기
07:00 아침 걷기 운동하기
07:50 인간극장 시청하며 커피 한 잔 마시기
08:30 집안일 처리하기
09:00~12:00 글쓰기(3시간)
12:00 점심 식사하기
13:00 점심 걷기 운동하기

14:00~17:00 글쓰기(3시간)

18:00 저녁 식사하기

19:00 개인일 처리하기

20:00~21:00 글쓰기(1시간)

 수험생이 된 심정으로 하루 7시간 정도를 글쓰기에 투자했지만, 하루에 완성된 원고는 A4용지 분량으로 1장~3장 정도밖에 되지 않았다. 때로는 글쓰기가 두려워 갑자기 집안 대청소를 하는 날도 있었다. 더딘 작업 속도에 초조해지고 우울해지기를 쉴 새 없이 반복하더니 어느새 에필로그를 쓰고 있다.

 행복해지는 방법 중 하나가 자신이 가진 것을 객관적으로 평가하면서 **감사**하는 마음을 갖는 것이라고 한다. 글쓰기를 마무리하려고 하니 그동안 잊고 잊었던 이들에 대한 고마움이 한꺼번에 밀려와 마음이 울컥해진다.

 평범하다 못해 너무 부족한 나의 존재를 있는 그대로 인정해 주고 관심과 격려로 지켜봐 주었던 이들로 인해 지금의 내가 있는 것이다. 그들에 대한 깊은 감사로 인해 실수나 실패를 해도 다시 일어날 수 있는 힘을 얻게 된다.

 영원한 나의 스승님이신 조승호 선생님께 감사드린다. "네 얼굴엔 선생님이라는 3글자가 새겨져 있어."라는 강력한 한 마디로 나의 인생을 송두리째 바꿔버리신 분, 제자들에게 서로의 배경이 되는 삶을 몸소 보여주신 분, 인생을 시로 표현하는 가치를 깨닫게 해주신 분의 그늘 아래에서 존중이 바탕이 되는 흔들림 없는 삶을 꿈꾸게 되었다.

　영원한 나의 멘토님이신 故 정기원 선생님께 감사드린다. 교육 현장에 발을 내딛자마자 크고 작은 장애물에 이리 치이고 저리 치이다 결국 길을 잃고 주저앉아 울고 있던 나에게 선배 교사로서 체득한 학급운영 노하우를 아무런 대가 없이 베풀어 주셨던 분, 자신의 교육철학을 교육 현장에 뿌리내리는 실천의 삶을 사셨던 분의 그늘 아래에서 용기를 얻을 수 있었다.

　영원한 나의 제자 밀알들에게 감사한 마음을 전한다. 더 많이 헤아리고 더 많이 도와주고자 했지만, 실수투성이 교사인지라 어쩌면 심한 상처만 안겨준 건 아닌지 걱정이 되고 후회가 된다. 하지만 늘 존경의 눈빛으로 격려해 주었던 그들, 따스한 마음이 담긴 말과 글 그리고 행동으로 응원해 주었던 그들로 인해 어제보다 나은 나를 위해 신바람 나게 노력할 수 있었다.

　사랑하는 나의 부모님께 감사드린다. 남다른 자식 사랑과 교육열로 이른 새벽부터 밤늦게까지 고생만 하신 분들, "우리 큰딸은 인복이 많아서 잘될 수밖에 없어!"라는 말을 늘 곁에서 해주시던 분들, 새벽마다 눈물 흘리는 기도로 든든한 지원군이 되어 주시는 분들의 그늘 아래에서 쉼을 얻을 수 있었다.

　사랑하는 나의 남편에게 감사한 마음을 전한다. 깊은 동굴 속의 나를 환한 빛이 있는 바깥세상으로 이끌어낸 유일한 분, 불안정한 내면으로 흔들리는 나를 사랑과 믿음으로 뚝심 있게 붙잡아 주는 분, 자신이 세상에 태어나 가장 잘한 일이 나를 만난 것이라 늘 고백하는 분의 그늘 아래에서 안정과 평안을 얻을 수 있었다.

사랑하는 나의 아들에게 감사한 마음을 전한다. 간절한 기다림과 기도의 응답으로 태어났기에 더 많이 보살피고 더 많이 챙겨주었어야 하는데 부모의 욕심에 더 많이 다그치고 더 많이 평가했던 지난날들이 미안하고 죄스럽다. 하지만 자신의 아픈 마음보다 부모의 마음을 먼저 살피고 손을 내미는 착한 아들, 스스로 결단한 일은 어떻게든 해내는 믿음직스러운 아들로 인해 밝게 웃을 수 있었다.

존경하는 이 땅의 모든 선생님께 감사드린다. 교권이 흔들리고 생존권마저 제대로 보장받지 못하고 있는 이 순간에도 학생들을 위한 정성과 수고를 아끼지 않으시는 선생님들로 인해 어두운 세상이 조금씩 조금씩 빛을 내며 발전할 수 있었다. 그리고 그 누군가는 당신들을 흠모하는 마음을 담아 글을 쓸 수 있었다.

마지막으로 부족한 사람을 작가로 인정해 주신 미다스북스 출판사의 임종익 본부장님, 안채원 편집자님께 감사드린다. 어리바리하게 내민 진심에 가장 먼저 손을 잡아주신 분들, 망설임과 두려움을 다독이며 함께 하는 파트너의 진면목을 보여주신 분들, 투박한 글이 세심하게 도움을 주신 분들로 인해 세련된 글이 되어 당당하게 세상 밖으로 모습을 드러낼 수 있었다.

도움받은 책들

- 권영애, 『자존감, 효능감을 만드는 버츄프로젝트 수업』(2018), 아름다운사람들
- 김덕년, 『교육과정-수업-평가-기록 일체화』(2017), 에듀니티
- 김동훈, 『교사, 전문가로 살아야 행복합니다』(2018), 교육과학사
- 김성효, 『학급경영 멘토링』(2017), 행복한미래
- 김종문, 『도덕교육을 위한 학생활동 중심의 대화 학습』(2003), 교육과학사
- 김태현, 『교사, 삶에서 나를 만나다』(2016), 에듀니티
- 김태현, 『교사, 수업에서 나를 만나다』(2016), 좋은교사
- 김홍신 외 31인, 『내 삶을 바꾼 칭찬 한마디』(2004), 21세기북스
- 나승빈, 『나쌤의 재미와 의미가 있는 수업』(2018), 맘에드림
- 마이클 센델, 함규진 옮김, 『공정하다는 착각』(2020), 미래엔
- 박순걸, 『학교 내부자들』(2018), 에듀니티
- 배재영, 『365일 열린 교실을 위한 교실환경활용』(1997), 우리교육
- 백영옥, 『안녕, 나의 빨강머리 앤』(2020), arte
- 서은국, 『행복의 기원』(2019), 21세기북스
- 서은현·정하은·진푸른, 『학교생활 실전 대처법』(2024), 미다스북스
- 서준호, 『서준호 선생님의 마음 흔들기』(2014), 지식프레임
- 서준호, 『6학년 담임해도 괜찮아』(2017), 지식프레임
- 손 아처, 박세연 옮김, 『행복의 특권』(2012), 청람출판
- 신수정·이유진·조연수·진현, 『이야기 넘치는 교실 온 작품 읽기』(2018), 북멘토
- 유영만, 『책 쓰기는 애쓰기다』(2020), 나무생각
- 이상우, 『협동학습으로 토의·토론 달인 되기』(2011), 시그마프레스
- 이성우, 『교사가 교사에게』(2017), 우리교육
- 이성우, 『학교를 말한다』(2018), 살림터
- 인천시교육청, 「삶과 연계한 과정중심평가로 꿈꾸는 행복한 교실 이야기」(2017)
- 정기원, 『학급경영』(1995), 우리교육
- 정기원, 『교육의 가나안을 향하여』(2018), 예영커뮤니케이션

- 정성식, 『교육과정에 돌직구를 던져라』(2015), 에듀니티
- 정진, 『회복적 생활교육 학급운영 가이드북』(2016), 피스빌딩
- 정창규·강대일, 『평가란 무엇인가』(2016), 에듀니티
- 정철희, 『교사의 독서』(2021), Humanist
- 조승호, 『홀통바다』(2010), 인문사 artcom
- 조윤제, 『다산의 마지막 습관』(2023), 청림출판
- 채인선, 『아름다운 가치 사전(1권~2권 세트)』(2015), 한울림어린이
- 초등교육과정연구모임, 『초등 교육을 재구성하라』(2013), 에듀니티
- 최병섭·김행식, 『학급경영백과』(1998), 내일을 여는 책
- 최인철, 『굿 라이프』(2018), 21세기북스
- 최재천·안희경, 『최재천의 공부』(2022), 김영사
- 한근태, 『당신이 누구인지 책으로 증명하라』(2019), 클라우드나인
- 허승환·나승빈, 『허승환 나승빈의 승승장구 학급경영』(2020), I-Scream

도움받은 누리집들

- 국립통일교육원, https://www.uniedu.go.kr
- 동북아역사재단, https://www.nahf.or.kr
- 어린이정부포털, https://kids.gov.kr/org/orgNat.ds
- 에듀넷 티클리어, https://www.edunet.net
- 우표문화 카페, https://cafe.daum.net/stampnanum
- 월드비전 세계시민학교, https://wvschool.or.kr
- 초등아이스크림(i-Scream), https://www.i-scream.co.kr
- 초등인디스쿨, https://indischool.com